Lirum, Larum, Löffelstiel

Ulrike Bültjer

LIRUM, LARUM LÖFFELSTIEL

KOCHVERGNÜGEN FÜR KINDER

Im FALKEN Verlag sind folgende Kochbücher für Kinder erschienen:

„Komm, koch und back mit mir" (4285)
„Das essen Kinder gern" (1405)
„Eßschule" (1314)
„Lieblingsgerichte für Kinder" (4497)

Unser Beitrag zum Umweltschutz:
Papier aus chlorfrei gebleichtem Zellstoff

Die Deutsche Bibliothek - CIP-Einheitsaufnahme

Bültjer, Ulrike:
Lirum, Larum, Löffelstiel : Kochvergnügen für Kinder ... / Ulrike Bültjer. -
Niedernhausen/Ts. : FALKEN TaschenBuch Verl., 1995
(FALKEN TaschenBuch)
ISBN 3-635-60073-3

ISBN 3 635 60073 3

© 1996 by Falken-Verlag GmbH, 65527 Niedernhausen/Ts.

Umschlaggestaltung: Zembsch' Werkstatt, München
Titelbild: Tony Stone, München/Wayne Eastep
Zeichnungen: Hartmut Dietrich, Wiesbaden
Redaktion: Christiane Rückel
Herstellung: Michael Greiss
Satz: LibroSatz, Kriftel bei Frankfurt
Druck: Wiesbadener Graphische Betriebe GmbH, Wiesbaden

817 2635 4453 6271

Inhalt

Vorwort

Hallo, ich heiße Knuddel, und ich möchte mit dir ein Spiel spielen, das nicht nur großen Spaß macht, sondern bei dem es auch sehr viel Neues zu entdecken gibt – nämlich das Kochen und das Backen.

So ganz unbekannt wird es dir sicherlich nicht sein. Gewiß hast du schon der Mutter beim Braten und Kochen und der Großmutter oder der Tante beim Kuchenbacken zugesehen. Vielleicht durftest du auch schon einmal ein bißchen mithelfen. Aber dein Lieblingsrezept ganz allein zu kochen, hast du dich bisher einfach nicht getraut. Dann laß es uns doch ab jetzt gemeinsam versuchen. Ich zeige dir, wie es geht, und du schwingst den Kochlöffel – so einfach ist das. Denn gemeinsam zu kochen und zu backen bringt nicht nur mehr Spaß, es ist auch äußerst hilfreich, denn jeder kann vom anderen lernen. Wie jedes Spiel hat auch das Kochen und Backen gewisse Regeln, an die du dich unbedingt halten solltest, wenn das Meisterwerk gelingen soll. Und diese Regeln habe ich für dich in diesem Buch fein säuberlich und leicht verständlich aufgeschrieben. Du findest eine Anleitung, wie du am besten mit dem Herd und den Küchengeräten umgehst, und

du lernst, wie du aus einem Hamburger ganz einfach einen Cheeseburger zubereitest. Deine Lieblingsrezepte fehlen ebensowenig wie Ideen für Leckeres zum Frühstück, für Pausenbrote, knackige Salate oder erfrischende Durstlöscher. Außerdem verrate ich dir ein paar Tricks, wie du deinen Geburtstag besonders pfiffig feiern kannst. Und natürlich ist auch an alle Schleckermäuler und Naschkatzen gedacht. Für sie gibt es traumhafte Torten, köstliche Kuchen und andere Leckereien.

Was glaubst du, wie stolz du sein wirst, wenn du deinen Freunden deine erste selbstgebackene Torte vorsetzen kannst. Damit du aber auch weißt, wer dich bei deinem kleinen Kochkurs begleitet, stelle ich mich noch einmal kurz vor: Ich, der Knuddel, bin weder zu dünn noch zu dick (mit Ausnahme einer winzig kleinen Bauchfalte), von Geburt an äußerst neugierig (das erkennt man an meinen beiden hochgespitzten Ohren), habe meistens gute Laune (es sei denn, ich bin zum Abwaschen und Aufräumen in die Küche verbannt worden) und esse für mein Leben gern.

Na, bin ich der richtige Kochpartner für dich? Also los geht's ...

Was wäre ein Koch ohne Löffel?

Wie der Maler seinen Pinsel, der Tischler seinen Hobel und der Zahnarzt seinen Bohrer, so brauchst auch du als kleiner „Hobbykoch" das richtige Handwerkszeug. Dazu gehören vor allem Löffel in allen Variationen:

● **Kochlöffel** und **Rührlöffel** zum Umrühren

● **Eßlöffel** und **Teelöffel** zum Abmessen und zum Abschmecken von Zutaten, aber auch zum Aushöhlen von Obst und Gemüse

Auch Messer brauchst du in verschiedenen Ausführungen:

● das **kleine Küchenmesser mit Spitze**, mit dem man schälen und kleine Zutaten fein zerschneiden kann

● das **große Küchenmesser mit Spitze** zum Schneiden von Fleisch und großem Gemüse

● das **Schälmesser** zum Schälen von Kartoffeln, Spargel, Äpfeln und Möhren

● das **Tomatenmesser mit Säge**, mit dem du Tomaten, Radieschen und Gurken in Scheiben schneidest

● den **Apfelausstecher**, wenn du das Kerngehäuse eines Apfels ausstechen willst

Unentbehrlich sind natürlich auch:

● **Kochtöpfe** in verschiedenen Größen mit Deckeln

● **Milchtopf** zum Erhitzen von Milch und Wasser

● **Bratpfanne mit Deckel.** Wenn du eine beschichtete Pfanne hast, muß der Bratenwender aus Holz oder Kunststoff sein, sonst verkratzt du die Pfanne.

● **Rührschüsseln** in verschiedenen Größen

● **feuerfeste Auflaufformen**

● **Salatsieb** zum Abtropfenlassen von Obst und Gemüse aus Dosen, zum Salat- und Gemüsewaschen und zum Abgießen von gekochten Nudeln und Kartoffeln

● **feinmaschiges Sieb** zum Durchsieben von Mehl und Backpulver

● **Schneebesen**, **Schöpfkelle** und **Suppenkelle** sowie **Küchenschere** und **Bratenwender**

● Einen **Gurkenhobel** brauchst du, wenn du Gurken für Salate in feine Scheiben schneiden willst

● Die **Rohkostreibe** nimmst du zum Raspeln von rohem Obst und Gemüse. Du kannst sie aber auch zum Käsereiben verwenden

● Mit der **Zitruspresse** preßt du die halbierten Orangen und Zitronen aus. Der Saft sammelt sich in der Presse

● Unentbehrlich zum Öffnen von Konservendosen ist ein **Dosenöff-**

ner. Paß aber auf, daß du dich dabei nicht an den scharfen Dosendeckeln schneidest
- **Schneidebrett** aus Holz oder festem Kunststoff
- **Springform, Kastenform, Backblech** und **Plätzchenformen**
- **Nudelholz** zum Ausrollen von Kuchen- und Pizzateig
- **Teigschaber**, um den Teig in der Kuchenform zu verteilen
- **Kuchenpinsel** zum Einfetten von Auflauf- und Backformen oder zum Bestreichen von Kuchen und Torten
- **Spritzbeutel** oder **Spritze** aus Plastik mit verschiedenen Tüllen zum Verzieren von Torten mit Sahne
- Elektrische Küchengeräte erleichtern so manche Arbeit. Allerdings ist der Umgang mit ihnen nicht ganz einfach und manchmal auch nicht ganz ungefährlich. Laß sie dir auf jeden Fall von deinen Eltern erklären, ehe du damit arbeitest! Das **elektrische Handrührgerät** brauchst du zum Schlagen von Sahne und zum Teigkneten. Benutze zum Rühren und Schlagen die Schneebesen (Rührbesen), zum Kneten nimmst du die Knethaken. Der Pürierstab ist nützlich, wenn du Obst und Gemüse zu ganz feinem Mus machen willst. Zum Rühren und Zerkleinern kannst du auch die **Küchenmaschine** oder den **Mixer** verwenden. Laß dir aber dabei helfen.
Wenn du dir nun auch noch **Topflappen, Küchenwecker** und **Küchenschürze** besorgst, dann ist deine „Hobbykochausstattung" fast perfekt.

Kleine Küchentricks

So schlägst du ein Ei auf:
Schlage die Mitte des Eies am Schüssel- oder Tassenrand kräftig an, bis sich das Ei in zwei Hälften teilt, und laß den Inhalt aus der Schale in die Schüssel gleiten.

So trennst du Eigelb und Eiweiß voneinander:
Stell dir zwei Schüsseln bereit. Schlage das Ei am Rand der einen Schüssel an. Nimm das Ei in beide Hände, und drücke die zwei Hälften noch leicht aneinander. Dann trennst du das Eiweiß vom Eigelb, indem du das Eigelb von der einen Schale in die andere rutschen läßt. Das Eiweiß läßt du dabei in eine der Schüsseln laufen. Das Eigelb, das in der Schale zurückbleibt, gibst du in die andere Schüssel. Paß dabei auf, daß kein Eigelb in das Eiweiß gerät, aber sei nicht traurig, wenn es nicht gleich klappt – Eiertrennen will eben gelernt sein.

So brätst du richtig mit Öl:
Öl muß die richtige Temperatur haben, ehe das Bratgut in die Pfanne kommt. Und die kannst du so erkennen: Stecke den Stiel eines Holzlöffels in kaltes Wasser, trockne ihn ab und halte ihn dann in das Öl. Bilden sich kleine Bläschen, die platzen, dann ist es heiß genug.

So gießt du Kartoffeln ab:

Fasse den Topf mit zwei Topflappen an den Henkeln, und halte den Deckel mit den Daumen fest. Schiebe den Deckel etwas zurück, und gieße das Wasser vorsichtig ab. Leichter geht es, wenn man die Kartoffeln wie Nudeln in ein Salatsieb schüttet.

So würfelst du eine Zwiebel:

Schäle die braune Schale von der Zwiebel ab. Dann spülst du die Zwiebel unter kaltem Wasser ab, damit du nachher beim Schneiden nicht „weinen" mußt. Nun halbierst du sie der Länge nach mit einem Küchenmesser. Lege die Zwiebelhälften mit den Schnittflächen nach unten auf ein Schneidebrett, und schneide sie der Länge nach ein, jedoch nicht ganz durch. Halte die Hälften während des Schneidens gut fest, und paß auf deine Finger auf. Schneide die Hälften nun quer in Streifen. Die Zwiebel zerfällt automatisch in kleine Würfel.

So reibst du Käse:

Stelle eine Rohkostreibe auf einen flachen Teller, und reibe den Käse im Stück auf der feinen Seite der Reibe.

Abmessen und Abwiegen wie ein Profi:

Bei allen Rezepten stehen die genauen Mengenangaben für die jeweiligen Zutaten. Sie werden entweder in Gramm (g) oder Kilogramm (kg) angegeben. Flüssigkeiten mißt man in Litern (l). Daneben findest du aber auch Angaben in Eßlöffeln, in den Rezepten EL abgekürzt, Teelöffeln (TL) und in Tassen. Alle Mengen mußt du genau abmessen, sonst gelingt das leichteste Rezept nicht. Beim Abmessen helfen dir:

● ein **Meßbecher** mit genauen Maßangaben für Flüssigkeiten. Es gibt verschiedene Meßbecher. Die einen haben Angaben in Millilitern (ml), die anderen in Litern (l). Hier ist eine kleine Tabelle zum Umrechnen:

$$\tfrac{1}{8}\,l = 125 \text{ ml}$$
$$\tfrac{1}{4}\,l = 250 \text{ ml}$$
$$\tfrac{1}{2}\,l = 500 \text{ ml}$$

● eine **Küchenwaage** zum Abwiegen von Fleisch, Obst und Gemüse. Bevor du die Lebensmittel auf die Waage legst, mußt du den Zeiger der Anzeigenskala auf Null stellen. Auf der Skala kannst du dann die Menge ablesen.

Bei manchen Gewürzen findest du die Angabe „eine Messerspitze". Das ist genau so viel, wie auf die vorderste Spitze eines Messers paßt.

Eine **Prise** ist die Menge, die man zwischen Daumen und Zeigefinger halten kann.

Was du über den Herd wissen mußt

Von außen sieht so ein Herd mit Backofen ganz harmlos aus. Aber du kannst es mir glauben: Auch wenn er nicht gerade faucht und raucht, Vorsicht ist in jedem Fall geboten. Wie oft habe ich mir daran schon meine empfindlichen Pfoten verbrannt... Damit es dir nicht genauso ergeht, höre dir ruhig ein paar gutgemeinte Ratschläge von einem erfahrenen, „gebrannten" Knuddel an:
Bevor du das erste Mal einen Herd einschaltest, solltest du ihn dir von deinen Eltern genau erklären lassen, denn je nach Modell sind die Herde unterschiedlich ausgestattet. Elektroherde (auch E-Herde genannt) haben Schalter mit Zahlen von 0 bis 3 bei normalen Herdplatten und von 0 bis 9 oder von 0 bis 12 bei den Automatikplatten. Bei den normalen Herdplatten brauchst du Stufe 3 zum Anbraten und Aufkochen, Stufe 2 zum langsamen Weiterbraten und Stufe 1 zum Fertiggaren.
Bei der Automatikplatte sieht es so aus: Stufe 10 bis 12 zum Aufkochen und Anbraten, Stufe 6 bis 8 zum langsamen Weiterbraten, Stufe 2 bis 4 zum Fertiggaren, Stufe 1 zum Warmhalten.
Gasherde haben Schaltstufen von 0 bis 3. Du kannst aber auch die Gasflamme nach der Größe einstellen. Stufe 2 bis 3 oder eine mittelgroße Flamme brauchst du zum Aufkochen oder Braten. Stufe 1 oder die kleine

Flamme nimmst du zum langsamen Fertiggaren der Speisen.
Sicherlich hast du schon bemerkt, daß die Kochplatten auf dem Herd unterschiedlich groß sind. Wähle zum Kochen immer die Platte, die so groß ist wie der Topf. So verschwendest du keine Energie. Töpfe und Pfannen solltest du immer so auf den Herd stellen, daß Stiele und Griffe nicht über den Herdrand hinausragen. Du kannst sonst sehr leicht daranstoßen, und der Topf- oder Pfanneninhalt ergießt sich über deine Hände oder deine Beine.
Wenn du einen knusprigen Nudelauflauf oder einen saftigen Kuchen backen willst, brauchst du auch einen **Backofen**. Davon gibt es ebenfalls zwei verschiedene Arten: Beim **Backofen mit Ober- und Unterhitze** wird die Hitze gleichmäßig im oberen und unteren Teil des Backofens verteilt. Du kannst immer nur auf einem Blech oder auf einem Rost mit der darunterliegenden Fettpfanne backen. Der Backofen hat mehrere Schienen. Einen hohen Kuchen, wie zum Beispiel den Napfkuchen, bäckst du auf der unteren Schiene, flaches Gebäck wie Plätzchen am besten auf der mittleren.
Bei **Umluft- oder Heißluftbacköfen** wird die heiße Luft durch einen Ventilator bis zu 50mal in der Minute umgewälzt, wodurch sie sich besonders schnell und gleichmäßig verteilt. Dieser Backofen hat bis zu vier Backbleche, auf denen du verschiedene Speisen gleichzeitig backen kannst.

Die in diesen Rezepten angegebenen Temperaturen beziehen sich auf den Backofen mit Ober- und Unterhitze. Wenn du mit Umluft oder Heißluft backen willst, mußt du von unseren Temperaturen 20 bis 40°C abziehen. Heize den Backofen immer vor, ehe du den Kuchen, den Auflauf oder die Plätzchen hineinschiebst! Am besten schaltest du ihn ein, bevor du mit dem Teigrühren beginnst.

Und noch eines ist sehr wichtig: Schalte den Herd und den Backofen immer aus, wenn du die Küche verläßt! Dann kann nichts überkochen oder anbrennen.

Jetzt geht's los!

Was wäre Kochen und Backen ohne richtige Planung. Also, bevor du loslegst, lies dir das jeweilige Rezept erst einmal sorgfältig durch, ob du alles verstehst. Deine Eltern beantworten dir sicher deine Fragen, und dann kann gar nichts mehr schiefgehen.

Für jedes Gericht ist eine Zubereitungszeit angegeben. Je nachdem, wie geübt du schon im Kochen und Backen bist, kann sie auch einmal etwas kürzer oder länger ausfallen. Sie hilft dir aber zu sehen, wie lange es dauert, bis du deine Gerichte servieren kannst. Manche Speisen werden im Backofen gegart. Diese Backzeit ist in die Zubereitungszeit mit eingerechnet.

Damit du beim Kochen nicht immer auf die Küchenuhr sehen mußt, stell dir einen Küchenwecker bereit, auf dem du die im Rezept angegebenen Koch- oder Backzeiten einstellen kannst. Er meldet sich nach Ablauf der Zeit mit einem Klingeln.

So, nachdem du das Rezept gelesen hast, stellst du dir alle aufgelisteten Zutaten, am besten schon abgemessen, bereit. Vergiß nicht, daß du vielleicht das eine oder andere noch einkaufen mußt. Außer den Zutaten kannst du auch schon die aufgezählten Küchengeräte und Hilfsmittel auf den Tisch stellen, dann brauchst du sie während des Kochens nicht mehr zu suchen.

Hast du alles verstanden? Dann bist du fit für den ersten Kochversuch!

Morgendliche Muntermacher

Nichts gegen Marmeladenbrötchen oder Honighörnchen. Aber wenn sie jeden Tag auf deinem Frühstücksteller liegen, wird es allmählich langweilig. Man spielt ja auch nicht wochenlang jeden Tag „Mensch ärgere dich nicht", oder? „Höchste Zeit, Knuddel, daß du etwas gegen das Frühstückseinerlei unternimmst", habe ich mir dann irgendwann gesagt. Statt mich nun noch auf's andere Ohr zu legen, wenn der Wecker klingelt, kann ich es jetzt kaum erwarten, aus den Federn zu springen, so sehr freue ich mich auf „mein" Frühstück. Allzugern mixe ich mein Müsli, rühre ich meinen Schokoladenquark oder brate ich meine Rühreier. Vorbei sind auch die Zeiten, als ich für das Frühstück höchstens zehn Minuten brauchte oder gar mit knurrendem Magen in die Knuddelschule wankte. Heute nehme ich mir Zeit – fürs Zubereiten, fürs Genießen und – notgedrungen – auch fürs Aufräumen der Küche. Allerdings ist das nach wie vor ein Kapitel für sich, bei dem sich Knuddelmutter und ich nicht immer ganz einig sind...

Das Frühstück ist das Sprungbrett in den Tag, hat mir einmal ein weiser Mensch gesagt. Denn diese erste Mahlzeit gibt meinem Bauch und meinem Köpfchen alles, was beide nach der nächtlichen Ruhepause brauchen, um wieder auf Touren zu kommen und den Schul- und Spieltag bestens zu überstehen. Deshalb esse ich morgens am liebsten Milch- und Vollkornprodukte, Eier und viel Obst. Denn diese Lebensmittel sind leicht, gut bekömmlich und machen trotzdem satt. Außerdem bekomme ich durch sie hochwertiges Eiweiß, das dafür sorgt, daß ich groß und stark werde, und reichlich Vitamine und Mineralstoffe, die meine Konzentration fördern. Dazu trinke ich meine Milch, meinen Kakao oder frischen Fruchtsaft, je nachdem, worauf ich gerade wieder Riesenappetit habe.

„Frühstücke wie ein König" heißt nun meine Devise. Und damit auch du soviel Spaß daran findest wie ich, will ich dir auf den nächsten Seiten meine fröhlichen Frühstücksideen verraten...

Frühstück für Frühaufsteher

Du brauchst für 4 Portionen:

1 mittelgroßen Apfel
1 Orange
100 g Weintrauben
4 EL gehackte Haselnüsse
4 EL kernige Haferflocken
250 g Kefir
2 EL Sanddornmark
2 EL Honig

Außerdem stellst du dir folgendes bereit:
Schälmesser
kleines Küchenmesser
Schneidebrett
Salatsieb
große Schüssel
Rührlöffel
4 Dessertschalen

Zubereitungszeit: ca. 15 Minuten

Und so wird's gemacht:

1 Schäle den Apfel mit dem Schälmesser, und schneide mit dem Küchenmesser den Stiel ab. Dann schneidest du den Apfel mit dem Küchenmesser in Viertel und entfernst das Kerngehäuse. Zuletzt schneidest du die Viertel in kleine Würfel.

2 Schneide von der Orange mit dem Küchenmesser oben und unten eine Kappe ab. Ritze die Schale nun mehrmals mit dem Messer von oben nach unten ein, und ziehe sie dann mit den Händen ab. Dann entfernst du die weiße Haut. Das geht am besten, wenn du sie mit dem Küchenmesser abziehst. Teile dann die Frucht in Spalten, und schneide diese in Stücke.

3 Zupfe die Weintrauben von den Stielen, wasche sie gründlich, und lasse sie sorgfältig in dem Sieb abtropfen. Schneide die Weintrauben dann mit dem Küchenmesser einmal durch, und entferne die Kerne.

4 Gib das Obst in die Schüssel, und mische es vorsichtig mit dem Rührlöffel.

5 Streue die gehackten Nüsse und die Haferflocken darüber, und mische alles.

6 Verrühre den Kefir mit dem Sanddornmark und dem Honig. Das kannst du gleich im Kefirbecher machen. Danach gießt du diese Mischung über die anderen Zutaten in der Schüssel.

7 Mische nun alles gut miteinander, und verteile das Fruchtmüsli auf die Dessertschalen.

Mal was anderes

Statt der hier angegebenen Früchte kannst du natürlich auch anderes Obst der Jahreszeit verwenden. Im Sommer beispielsweise frische Beeren, im Herbst Birnen oder auch exotische Früchte wie frische Feigen oder Kiwis.

Rührei mit Schinken

Du brauchst für 4 Portionen:

8 Eier

8 EL Milch

1 Prise Salz

4 dünne Scheiben gekochten Schinken

2 EL Butter oder Margarine

Außerdem stellst du dir folgendes bereit:
große Rührschüssel
Schneebesen
Schneidebrett
kleines Küchenmesser
(beschichtete) Brat-
pfanne
Bratenwender

Zubereitungszeit: ca. 15 Minuten

Und so wird's gemacht:

1 Schlage die Eier am Schüsselrand in der Mitte vorsichtig an,
dann brich die Eier über der Rührschüssel auseinander, und laß sie
in die Schüssel gleiten.

2 Gib die Milch und das Salz
dazu, und verrühre alles mit
dem Schneebesen, bis die Masse
schaumig ist.

3 Lege die Schinkenscheiben
übereinander auf das Schneidebrett, und schneide den Schinken zuerst in Streifen und dann in kleine
Würfel.

4 Dann stellst du die Pfanne auf
die Herdplatte und gibst die Butter oder die Margarine hinein.

5 Erhitze die Butter oder die Margarine auf Stufe 2 so lange, bis
sie geschmolzen ist und etwas zu
brutzeln beginnt. Du mußt aber aufpassen, daß sie nicht braun wird.

6 Gieße die Eiermilch in die
Pfanne, und verteile darauf die
Schinkenwürfel. Sobald die Eiermasse am Rand fest wird – man
nennt das stocken –, rührst du sie immer wieder mit dem Bratenwender
um, bis keine Flüssigkeit mehr in der
Pfanne vorhanden ist.

Früchte-Corn-flakes

Du brauchst für 4 Portionen:

250 g Erdbeeren

2 Pfirsiche

2 Kiwis

4 Tassen Corn-flakes

½ l Milch

1 EL Honig

Außerdem stellst du dir folgendes bereit:
Küchenkrepp
kleines Küchenmesser
Schneidebrett
Schälmesser
große Schüssel
Rührlöffel
4 tiefe Teller
kleine Schüssel

Zubereitungszeit: ca. 20 Minuten

Und so wird's gemacht:

1 Wasche die Erdbeeren, und lasse sie auf Küchenkrepp abtropfen. Zupfe die grünen Stielansätze ab, und schneide die Erdbeeren mit dem Küchenmesser einmal durch.

2 Spüle die Pfirsiche unter kaltem Wasser ab, und reibe sie mit Küchenkrepp gut trocken. Dann schneidest du sie mit dem Küchenmesser rundum bis zum Kern ein und drehst die Hälften gegeneinander, damit die Pfirsiche zerfallen. Entferne nun den Kern, und schneide die Pfirsiche erst in mehrere Spalten und dann in Würfel.

3 Schäle die Kiwis mit dem Schälmesser, und schneide sie mit dem Küchenmesser in Scheiben. Diese Scheiben halbierst du dann noch.

4 Gib nun das Obst in die große Schüssel, und mische es vorsichtig mit dem Rührlöffel. Danach verteilst du das Obst auf die tiefen Teller.

5 Gieße über jeden Früchteteller eine Tasse Corn-flakes, und rühre alles vorsichtig um.

6 Verrühre die Milch in der kleinen Schüssel mit dem Honig, und gieße die Honigmilch über die Corn-flakes.

Mal was anderes

Diese Früchte-Corn-flakes kannst du mit jedem beliebigen Obst zubereiten, zum Beispiel auch mit Brombeeren und Himbeeren, mit Birnen- oder Apfelschnitzen oder mit Bananenscheiben und Orangenspalten.
Statt der Corn-flakes kannst du natürlich zur Abwechslung auch andere Frühstücksflocken verwenden.

Schokoladenquark

Du brauchst für 4 Portionen:

2 Bananen

500 g Speisequark

⅛ l Milch

2 EL Honig

8 EL Raspelschokolade

Außerdem stellst du dir folgendes bereit:
kleines Küchenmesser
Schneidebrett
2 Rührschüsseln
Pürierstab
elektrisches Handrührgerät mit Schneebesen
Eßlöffel
4 Dessertschalen

Zubereitungszeit: ca. 10 Minuten

Und so wird's gemacht:

1 Schäle die Bananen, schneide sie mit dem Küchenmesser in dünne Scheiben, gib sie in die eine Rührschüssel, und püriere sie mit dem Pürierstab. Man kann die Bananen auch ganz einfach mit einer Gabel zerdrücken.

2 Fülle den Quark in die zweite Schüssel, gib die Milch, den Honig und das Bananenpüree dazu, und verrühre alles kurz mit dem elektrischen Handrührgerät auf Stufe 2.

3 Nun streust du die Raspelschokolade über die Quarkmasse und rührst sie mit dem Löffel darunter. Dann verteilst du den Schokoladenquark auf die Dessertschalen.

Fliegende Pfannkuchen

Du brauchst für 4 Portionen:

4 große Eier

250 g Weizenvollkornmehl

1 Prise Salz

400 ml Milch

8 EL Mineralwasser

6 EL Butter oder Margarine

4 EL Ahornsirup

Außerdem stellst du dir folgendes bereit:
Rührschüssel
elektrisches Handrührgerät mit Schneebesen
Eßlöffel, Teelöffel
(beschichtete) Bratpfanne
Schöpfkelle
Bratenwender aus Holz
großen Teller

Zubereitungszeit: ca. 1 Stunde

Und so wird's gemacht:

1 Schlage die Eier am Schüsselrand in der Mitte vorsichtig an, dann brich die beiden Hälften über der Schüssel auseinander, und laß die Eier in die Schüssel gleiten.

2 Nun nimmst du das elektrische Handrührgerät und rührst die Eier damit bei Stufe 2 so lange durch, bis sie schaumig aussehen.

3 Gib das Mehl eßlöffelweise, also nach und nach, dazu, und rühre es mit dem Löffel darunter. Zum Schluß rührst du das Salz und die Milch darunter.

4 Dann läßt du den Teig mindestens 5 Minuten stehen, damit er ein bißchen ausquellen kann. In der Zwischenzeit heizt du den Backofen auf 50° C vor. Wenn die Pfannkuchen fertiggebacken sind, kannst du sie darin warm halten.

5 Gieße das Mineralwasser zu dem Teig in der Rührschüssel, und rühre mit dem elektrischen Handrührgerät noch einmal kurz durch. Diesmal stellst du es aber auf die höchste Schaltstufe.

6 Gib nun 1 Teelöffel der Butter oder der Margarine in die Bratpfanne. Stelle die Pfanne auf die Herdplatte, dann schalte die Platte auf Stufe 2 und warte, bis das Fett geschmolzen ist. Aber Vorsicht, es darf nicht braun werden.

7 Gieße nun mit der Schöpfkelle so viel Teig in die Pfanne, daß ihr Boden bedeckt ist. Nimm lieber etwas weniger Teig und bewege die Pfanne, so daß der Teig verläuft. Hast du zuviel Teig in der Pfanne, werden die Pfannkuchen pappig und zu dick.

8 Warte nun ab, bis die Oberfläche nicht mehr flüssig ist und sich ein goldbrauner Rand gebildet hat. Das dauert etwa 2 Minuten. Schüttle die Pfanne dabei ein bißchen, dann setzt sich der Teig nicht so leicht an.

9 Jetzt schiebst du den Bratenwender unter den Pfannkuchen und drehst diesen damit um. Du kannst aber auch einen Teller auf die Pfanne legen (er muß allerdings so groß sein wie die Pfanne selbst), sie umdrehen, den Pfannkuchen auf den Teller gleiten lassen und ihn dann mit der noch ungebackenen Seite nach unten in die Pfanne zurückgleiten lassen. Das erfordert jedoch ein bißchen Übung.

10 Gib nun wieder ½ Teelöffel der Butter oder der Margarine am Rand in die Pfanne, und backe damit die zweite Seite des Pfannkuchens.

11 Mit dem Bratenwender schiebst du den goldbraunen Pfannkuchen auf den Teller und hältst ihn im leicht vorgeheizten Backofen warm.

12 Backe nun aus dem Teig nach der obigen Beschreibung weitere Pfannkuchen. Vergiß aber nicht, bei jedem Pfannkuchen immer wieder zuerst 1 Teelöffel, später ½ Teelöffel Fett in die Pfanne zu geben, sonst kann dein Pfannkuchen anbrennen.

13 Dann nimmst du die fertigen Pfannkuchen aus dem Ofen und beträufelst sie mit dem Ahornsirup.

Mal was anderes

Statt mit Ahornsirup kannst du die Pfannkuchen auch mit einer fertigen Frucht- oder Schokoladensauce beträufeln, mit Zucker und Zimt bestreuen oder mit Honig oder Konfitüre bestreichen und dann aufrollen. Deiner Phantasie sind hier keine Grenzen gesetzt. Wer es lieber herzhaft mag, macht sich Speckpfannkuchen. Du bereitest den Teig genau wie beschrieben zu, legst aber vor dem Backen je zwei Scheiben Frühstücksspeck in die Pfanne. Darüber gießt du dann den Pfannkuchenteig. Man kann den Schinken auch kleinschneiden und in den Teig geben. Die fertigen Pfannkuchen kannst du auch mit geriebenem Käse bestreuen oder mit Kräuterquark füllen.

Pfiffige Pausensnacks

Mal ganz ehrlich: Hast du nicht auch schon mal das Schulbrot im Ranzen vertrocknen lassen und dir statt dessen lieber Bonbons oder Schokolade gekauft? Also ich habe früher mit Vorliebe langweilige Käsebrote gegen Riesenlollis eingetauscht. Immerhin gab es Mitknuddel, die für zwei Brote einen Lolli herausrückten. Doch grauenvolle Stunden auf dem Zahnarztstuhl und zudem ein rebellierender Magen, der schon 20 Minuten nach der großen Pause wieder knurrte, haben mir den Spaß an der Lollilutscherei gründlich verdorben. Und so erfand ich ganz einfach Pausenbrote, die mir auch wirklich schmecken, die lustig aussehen – denn schließlich ißt das Auge ja auch mit – und bei denen ich auch in der sechsten Schulstunde nicht von Hunger- und Gähnkrämpfen geplagt werde. Gegen Mittag läßt nämlich unsere Leistungsfähigkeit erheblich nach. Wir werden nervös, zappelig und mürrisch, wenn wir nicht zwischendurch einen Energieschub bekommen. Und dafür sorgt das zweite Frühstück in der Pause. Außerdem bekommt es unserem Magen viel besser, wenn wir die für den Körper täglich notwendige Nahrungsmenge auf fünf Mahlzeiten verteilen.

Du wirst sehen, Knuddels Pausenbrote sind wahre Pausenknüller. Dabei mußt du auf Süßes keineswegs verzichten. Doch statt Bonbons gibt es köstliche Früchtekugeln, statt Schokolade selbstgemachte Müsliriegel, um die dich deine Freunde beneiden werden, und statt fader Klappstullen vollwertige Sandwiches und knusprige Brötchen. Wenn du Brot und Brötchen auch noch mit knakkig frischen Salatblättern, Apfelstükken oder Radieschenscheiben belegst, trocknen sie nicht so schnell aus und sind auch noch nach Stunden schön saftig.

Alle diese Leckereien kannst du ohne schlechtes Gewissen naschen, wenn dich zwischendurch mal der Hunger plagt. Doch wenn du Süßes ißt, vergiß nicht, hinterher die Zähne zu putzen. Sonst droht auch dir der Zahnarztstuhl.

Doch jetzt nichts wie ran an die neuen, pfiffigen Pausensnacks...

Piratenspieße

Du brauchst für 2 Spieße:

1 kleine Banane

60 g Gouda am Stück

8 blaue Weintrauben

6 ungeschwefelte, getrocknete Backpflaumen ohne Steine

Außerdem stellst du dir folgendes bereit:
großes Küchenmesser
Schneidebrett
Küchenkrepp
2 lange Holzspieße

Zubereitungszeit: ca. 10 Minuten

Und so wird's gemacht:

1 Schäle die Banane, und schneide sie mit dem Küchenmesser in daumendicke Scheiben.

2 Dann schneidest du den Käse in daumengroße Würfel. Falls der Käse noch eine Rinde hat, mußt du sie entfernen.

3 Anschließend teilst du die Bananenscheiben und die Käsewürfel in zwei Portionen auf, damit du für jeden Spieß die gleiche Anzahl an Zutaten hast.

4 Zupfe die Weintrauben von den Stielen, wasche sie mit kaltem Wasser ab, und trockne sie mit Küchenkrepp ab.

5 Nun steckst du in bunter Reihenfolge die Bananenscheiben, die Weintrauben, die Käsewürfel und die getrockneten Pflaumen auf die zwei Holzspieße. Richtig ist es, wenn auf jedem Spieß vier Weintrauben, drei Pflaumen und jeweils die gleiche Menge an Käsewürfeln und an Bananenscheiben stecken.

Knuddels Tip

Wenn die getrockneten Pflaumen zu hart sind, weichst du sie vorher etwa 15 Minuten in warmem Wasser ein.

Jumbosandwich

Du brauchst für 1 Portion:

2 Scheiben Vollkorntoast
1 Blatt Eisbergsalat
1 Tomate
1 TL Butter oder Margarine
1 dünne Scheibe gekochten Schinken
1 dünne Scheibe Gouda
2 Radieschen

Außerdem stellst du dir folgendes bereit:
Toaster
Küchenkrepp
Tomatenmesser
Schneidebrett
großes Küchenmesser
2 Zahnstocher

Zubereitungszeit: ca. 15 Minuten

Und so wird's gemacht:

1 Toaste die Toastbrotscheiben im Toaster goldbraun. Wasche das Salatblatt und die Tomate mit kaltem Wasser und trockne beides mit Küchenkrepp ab.

2 Dann schneidest du die Tomate mit dem Tomatenmesser in Scheiben und entfernst dabei auch gleich den grünen Stielansatz.

3 Bestreiche die Toastscheiben mit der Butter oder der Margarine. Dann legst du auf die eine Toastscheibe das Blatt Eisbergsalat und darauf die Schinkenscheibe. Paß auf, daß sie nicht über den Toastrand hinausragt. Eventuell mußt du sie dir passend schneiden.

4 Auf den Schinken legst du nun die Tomatenscheiben und bedeckst sie mit dem Käse. Zum Schluß legst du die zweite Toastbrotscheibe mit der gebutterten Seite nach unten auf den Käse.

5 Mit dem großen Küchenmesser schneidest du das Sandwich nun diagonal durch, so daß zwei Dreiecke entstehen.

6 Wasche die Radieschen, trockne sie gut mit Küchenkrepp ab, und schneide die weißen Wurzelenden und die grünen Blattansätze ab. Stecke je ein Radieschen auf einen Zahnstocher, und drücke den Zahnstocher jeweils in ein Sandwichdreieck. So kann es nicht auseinanderfallen.

Knuddels Tip

Am besten packst du das Jumbosandwich in eine Frühstücksbox. Zusammen mit einem Glas Milch ist es eine komplette kleine Zwischenmahlzeit, die lange den Hunger stillt.

Schoko-Müsli-Riegel

Du brauchst für 8 Riegel:

4 EL Bananenchips
100 g Weizenvollkornmehl
½ TL Backpulver
80 g Vollkornhaferflocken
2 EL Raspelschokolade
1 EL ungeschwefelte Rosinen
1 Becher Vollmilchjoghurt (150 g)
2 EL Ahornsirup oder Honig
5 EL Orangensaft
2 EL Mehl zum Ausrollen

Außerdem stellst du dir folgendes bereit:
kleine Schüssel
große Rührschüssel
elektrisches Hand-
rührgerät mit
Knethaken
Backpapier
Küchenschere
Backblech
Nudelholz
Lineal
großes Küchenmesser

Zubereitungszeit: ca. 1¼ Stunden

Und so wird's gemacht:

1 Zerbrösle die Bananenchips mit der Hand in der kleinen Schüssel, und heize den Backofen auf 175° C vor.

2 Gib das Mehl mit dem Backpulver in die Rührschüssel, und füge die Haferflocken, die Raspelschokolade, die Bananenchips, die Rosinen, den Joghurt, den Ahornsirup oder den Honig und den Orangensaft hinzu.

3 Dann verknetest du alle Zutaten mit den Knethaken des elektrischen Handrührgerätes auf Stufe 1 zu einem glatten Teig.

4 Schneide dir das Backpapier mit der Schere so zurecht, daß es genau auf das Blech paßt, und lege das Papier so auf das Blech, daß du die aufgedruckte Schrift lesen kannst.

5 Bestreue die Arbeitsfläche mit 2 Eßlöffeln Mehl, und rolle den Teig mit dem Nudelholz aus, bis die Teigplatte etwa 2 Zentimeter dick, 20 Zentimeter lang und 10 Zentimeter breit ist. Ob die Platte die richtige Größe hat, kannst du schnell mit dem Lineal nachmessen.

6 Lege die Teigplatte vorsichtig auf das Backpapier, schiebe das Backblech auf die mittlere Schiene des vorgeheizten Backofens, und backe den Teig etwa 45 Minuten.

7 Dann nimmst du den Kuchen heraus und schneidest ihn, noch warm, mit dem großen Küchenmesser waagerecht in 5 Zentimeter breite Streifen, die du noch halbierst. Zum Schluß läßt du die Müsliriegel gut abkühlen.

Knuddels Tip

Wenn du die Müsliriegel in eine Keksdose legst, halten sie sich darin mehrere Tage knusprig frisch.

Früchtekugeln

Du brauchst für ca. 20 Kugeln:

50 g ungeschwefelte, getrocknete Aprikosen

50 g ungeschwefelte, getrocknete Pflaumen ohne Stein

50 g ungeschwefelte, getrocknete Äpfel

50 g ungeschwefelte, getrocknete Birnen

50 g ungeschwefelte Rosinen

100 g gemahlene Haselnüsse

25 g Kokosraspel

Außerdem stellst du dir folgendes bereit:
2 große Schüsseln
Salatsieb
Rührlöffel
elektrischen Mixer
flachen Teller

Quellzeit: ca. 30 Minuten
Zubereitungszeit: ca. 30 Minuten

Und so wird's gemacht:

1 Gib die getrockneten Früchte in eine Schüssel, und begieße sie mit so viel warmem Wasser, daß sie eben bedeckt sind. Lasse sie dann etwa 30 Minuten quellen.

2 Anschließend schüttest du die Früchte in das Sieb und läßt sie gut abtropfen. Schau nach, ob die Pflaumen einen Stein enthalten. Wenn du noch einen findest, mußt du ihn entfernen.

3 Fülle die Früchte wieder in die trockene Schüssel, und mische sie mit Hilfe des Rührlöffels mit den Rosinen und den gemahlenen Haselnüssen.

4 Gib nun die Hälfte dieser Mischung in den elektrischen Mixer, schließe den Deckel, und schalte das Gerät für etwa 1 Minute an.

5 Fülle das entstandene Fruchtpüree in die zweite große Rührschüssel.

6 Dann gibst du die zweite Hälfte der Mischung ebenfalls in den Mixer und pürierst sie. Das Püree gibst du auch in die Schüssel.

7 Aus dem Fruchtpüree in der Schüssel formst du nun mit den Händen pflaumengroße Kugeln.

8 Schütte die Kokosraspel auf den flachen Teller, und rolle die Früchtekugeln darin, bis sie rundherum mit Kokosflocken bedeckt sind.

Super-Sattmacher-Salate

Hasen knabbern sie am liebsten pur – die jungen Möhrchen und die knakkigen Kohl- und Salatblätter. Nicht nur, weil sie ganz frisch am saftigsten sind, sondern auch weil Gemüse viele Vitamine, Mineralstoffe und Spurenelemente enthält, die besonders wirksam werden, wenn man es roh ißt. Glaub mir, ein knackiger Salat macht bärenstark!

Nun brauchst du das „Grünzeug" ja nicht roh aus der Hand zu essen. Du kannst es hobeln, raspeln und mit saftigem Obst oder kernigen Nüssen mischen. Gerade bei Salaten sind deiner Phantasie keine Grenzen gesetzt. Also mach's wie ich, runzle ein paarmal deine Stirn und probier etwas Neues aus. Und selbst die eingefleischtesten Salatmuffel werden schwach, wenn du sie mit einem Salat aus Sprossen überraschst. Ein bunter, frischer Salat schmeckt nämlich jedem ...

Doch es müssen ja nicht immer nur Gemüse und Blätter sein, die in die große Salatschüssel wandern. Auch aus Nudeln, Kartoffeln, Reis, Fisch, Fleisch, Geflügel und Käse kannst du Supersalate mischen. Bereite doch einmal zum Abendbrot einen herzhaften Nudelsalat zu. Ein dickes Lob ist dir gewiß.

Zu einem Salat gehört unbedingt eine Sauce – man nennt sie auch Dressing. Denn ohne sie schmeckt Salat wirklich wie Kaninchenfutter. Salatsaucen kannst du aus Öl und Essig, aber auch aus Mayonnaise, süßer oder saurer Sahne, Dickmilch oder Joghurt anrühren und mit Kräutern und Gewürzen pikant abschmecken. Nun noch ein gutgemeinter Rat: Blattsalate solltest du immer erst kurz vor dem Servieren mit der Salatsauce mischen, denn wenn sie zu lange darin liegen, können die zarten Blättchen leicht zusammenfallen. Dagegen dürfen alle herzhaften Salate mit Nudeln, Reis oder Kartoffeln ruhig ein bißchen stehen, damit sich das Aroma der Gewürze besser entfaltet. Hast du nun Appetit bekommen? Dann blättere um. Auf den nächsten Seiten findest du garantiert auch deinen Lieblingssalat ...

Bunter Frühlingssalat

Du brauchst für 4 Portionen:

1 Salatgurke
1 Bund Radieschen
6 Tomaten
1 kleine Dose Maiskörner (285 g)
100 g gekochten Schinken
1 Bund Petersilie
2 EL Joghurt
1 EL Essig
4 EL Öl
1 Messerspitze Senf
1 Prise Salz, 1 Prise Pfeffer
1 Prise Zucker

Außerdem stellst du dir folgendes bereit:
Schälmesser
Gurkenhobel
große Salatschüssel
Küchenmesser
Schneidebrett
Tomatenmesser
Dosenöffner
Sieb
Salatbesteck
kleine Schüssel
Rührlöffel

Zubereitungszeit: ca. 30 Minuten

Und so wird's gemacht:

1 Schäle die Salatgurke mit dem Schälmesser, und hoble sie auf dem Gurkenhobel in die große Salatschüssel.

2 Entferne von den Radieschen mit dem Küchenmesser die weißen Wurzelenden und die grünen Blattansätze, und wasche die Radieschen gründlich unter kaltem Wasser. Dann schneidest du sie in dünne Scheiben und gibst sie in die Salatschüssel.

3 Wasche die Tomaten gründlich, schneide sie mit dem Tomatenmesser in Scheiben, und entferne dabei auch gleich die grünen Stielansätze.

4 Dann öffnest du die Dose Maiskörner mit dem Dosenöffner und laß den Mais im Sieb abtropfen.

5 Lege nun die Schinkenscheiben übereinander auf das Schneidebrett, und schneide den Schinken zuerst in Streifen und dann in Würfel.

6 Gib die Tomatenscheiben, die Maiskörner und die Schinkenwürfel in die große Salatschüssel, und mische alles mit dem Salatbesteck.

7 Entferne die welken Blätter von der Petersilie, und wasche die Petersilie unter fließend kaltem Wasser. Dann zupfst du die Blätter von den Stengeln und schneidest sie auf dem Schneidebrett mit dem Küchenmesser klein.

8 Gib die Petersilie in die kleine Schüssel, und verrühre sie mit dem Joghurt, dem Essig, dem Öl, dem Senf und den Gewürzen.

9 Anschließend gießt du diese Salatsauce über den Salat und mischst sie gründlich mit dem Salatbesteck darunter.

Apfel-Möhren-Rohkost

Du brauchst für 4 Portionen:

300 g Möhren

500 g Äpfel

2 EL Zitronensaft

100 g Kefir

1 Prise Salz

1 Prise Pfeffer

1 Prise Zucker

1 EL gehackte Sonnenblumenkerne

1 EL Mandelblättchen

Außerdem stellst du dir folgendes bereit:
kleines Küchenmesser
Schälmesser
Rohkostreibe
große Salatschüssel
Apfelausstecher
kleine Schüssel
beschichtete Bratpfanne
Bratenwender aus
Kunststoff
Salatbesteck

Zubereitungszeit: ca. 40 Minuten

Und so wird's gemacht:

1 Wasche die Möhren gründlich unter kaltem Wasser, und schneide die Blattansätze und die Wurzelenden mit dem Messer ab.

2 Dann schälst du die Möhren mit dem Schälmesser, raspelst sie auf der Rohkostreibe und gibst sie in die große Schüssel.

3 Schäle die Äpfel mit dem Schälmesser, schneide mit dem Küchenmesser die Stiele ab, und stich das Kerngehäuse mit dem Apfelausstecher heraus. Dann raspelst du die Äpfel ebenfalls auf der Rohkostreibe.

4 Mische die Äpfel mit den Möhren und dem Zitronensaft in der großen Schüssel.

5 Fülle den Kefir in die kleine Schüssel, und verrühre ihn mit dem Salz, dem Pfeffer und dem Zucker.

6 Dann stellst du die beschichtete Bratpfanne auf die Herdplatte. Schalte die Platte auf Stufe 2, und gib die gehackten Sonnenblumenkerne und die Mandelblättchen in die Pfanne. Beides röstest du nun in der Pfanne etwa 3 Minuten an. Dabei mußt du die Kerne und die Blättchen immer wieder mit dem Bratenwender umrühren. Vorsicht, sie werden von einem Augenblick auf den anderen dunkel. Deshalb mußt du sie immer im Auge behalten.

7 Gieße den Kefir über die Möhren und die Äpfel, und mische den Salat mit dem Salatbesteck. Zum Schluß streust du die gerösteten Sonnenblumenkerne und die Mandelblättchen über die Rohkost.

Sojasprossensalat

Du brauchst für 4 Portionen:

250 g frische Sojabohnensprossen

2 Bund Radieschen

1 mittelgroße Stange Staudensellerie

2 Kästchen Kresse

250 g Vollmilchjoghurt

2 EL Sojasauce

2 EL Öl

1 EL Zitronensaft

1 TL Honig

1 Prise Salz

Außerdem stellst du dir folgendes bereit:
Salatsieb
kleines Küchenmesser
Schneidebrett
Küchenschere
Küchenkrepp
große Salatschüssel
Salatbesteck
kleine Rührschüssel
Schneebesen

Zubereitungszeit: ca. 30 Minuten

Und so wird's gemacht:

1 Schütte die Sojabohnensprossen in das Salatsieb, und spüle sie mit warmem Wasser gründlich ab. Dann läßt du sie gut abtropfen.

2 Entferne von den Radieschen mit dem Küchenmesser die weißen Wurzelenden und die grünen Blattansätze, und wasche die Radieschen gründlich in kaltem Wasser. Dann schneidest du sie in dünne Scheiben.

3 Spüle die Stange Staudensellerie unter fließend kaltem Wasser gründlich ab, und schneide sie in dünne Ringe. Das zarte Blattgrün oben zupfst du ab und schneidest es ebenfalls klein.

4 Schneide die Kresse mit der Schere dicht über den Wurzeln ab, spüle sie unter fließend kaltem Wasser kurz ab und tupfe die Kresse mit Küchenkrepp trocken.

5 Gib nun alle Salatzutaten in die Salatschüssel, und vermenge sie mit dem Salatbesteck.

6 Dann gibst du den Joghurt, die Sojasauce, das Öl, den Zitronensaft, den Honig und das Salz in die kleine Rührschüssel und verrührst alles mit dem Schneebesen.

7 Gieße die Sauce nun über den Salat, und mische sie sorgfältig darunter.

Nudelsalat

Du brauchst für 4 Portionen:

2 l Wasser

1 TL Salz

1 EL Öl für die Nudeln

250 g Vollkorn-Hörnchen-Nudeln

4 EL süße Sahne

1 Becher Vollmilchjoghurt (150 g)

3 EL Tomatenketchup

1 TL Öl

1 TL Zitronensaft
2 Prisen Salz
2 Prisen Pfeffer
2 Prisen Zucker
200 g Wiener Würstchen
100 g Gouda in Scheiben
50 g Kopfsalat
1 kleine Dose Erbsen (280 g)

Außerdem stellst du dir folgendes bereit:
großen Kochtopf
Kochlöffel
Salatsieb
große Salatschüssel
Schneebesen
Salatbesteck
kleines Küchenmesser
Schneidebrett
Dosenöffner
Sieb

Zubereitungszeit: ca. 50 Minuten
Zeit zum Durchziehen: ca. 1 Stunde

Und so wird's gemacht:

1 Gib das Wasser mit dem Salz in den großen Kochtopf, stelle ihn auf die Herdplatte, und schalte sie auf Stufe 3. Wenn das Wasser anfängt zu sprudeln, gibst du 1 Eßlöffel Öl in das Kochwasser. Nun schüttest du die Nudeln hinein, schaltest den Herd auf Stufe 2 und läßt die Nudeln 10 bis 11 Minuten kochen. Dabei mußt du sie immer mal wieder mit dem Kochlöffel umrühren, damit sie nicht ankleben.

2 Stelle nun das Salatsieb in das Spülbecken, und schütte die gegarten Nudeln hinein. Spüle sie kurz mit kaltem Wasser ab – man nennt das abschrecken –, und lasse sie gut abtropfen.

3 Gib die Sahne, den Joghurt, das Tomatenketchup, das Öl, den Zitronensaft und die Gewürze in die Salatschüssel, und verrühre alles mit dem Schneebesen.

4 Schneide die Würstchen mit dem Küchenmesser in Scheiben und den Käse in kleine Streifen. Das geht am besten, wenn du die Käsescheiben übereinanderlegst.

5 Wasche den Kopfsalat gründlich unter fließend kaltem Wasser, lasse ihn im Salatsieb gut abtropfen, und schneide die Blätter anschließend in Streifen.

6 Dann öffnest du die Dose Erbsen mit dem Dosenöffner, schüttest die Erbsen in das Sieb und läßt sie gut abtropfen.

7 Schütte nun die abgetropften Nudeln in die Salatschüssel, und mische sie mit dem Salatbesteck unter die Sauce.

8 Mische nun die Wurstscheiben, die Käsestreifen, den Salat und die Erbsen mit den Nudeln, und lasse den Salat mindestens 1 Stunde stehen. Probiere ihn danach noch einmal, ob er pikant genug schmeckt, sonst mußt du ihn vor dem Servieren noch nachwürzen.

Knuddels Kartoffelsalat

Du brauchst für 4 Portionen:

600 g Salatkartoffeln
¼ TL Salz
1 große Zwiebel
2 Gewürzgurken
1 Apfel
5 EL Salatmayonnaise
1 EL Essig
1 Prise Salz
1 Prise Pfeffer

Außerdem stellst du dir folgendes bereit:
großen Kochtopf mit Deckel
kleines Küchenmesser
Salatsieb
Gabel
Schneidebrett
große Salatschüssel
Schälmesser
Salatbesteck
kleine Schüssel
Schneebesen

Zubereitungszeit: ca. 1½ Stunden

Und so wird's gemacht:

1 Wasche und bürste die Kartoffeln sorgfältig unter kaltem Wasser ab. Lege sie dann in den Kochtopf, und fülle so viel Wasser hinein, daß die Kartoffeln gerade bedeckt sind. Anschließend streust du das Salz darüber.

2 Stelle den Kochtopf auf die Herdplatte, lege den Deckel darauf, schalte die Stufe 3 ein, und bringe das Wasser zum Kochen. Das dauert 5 bis 7 Minuten.

3 Wenn das Wasser sprudelnd kocht, schaltest du die Herdplatte auf Stufe 1 zurück und läßt die Kartoffeln insgesamt noch 20 bis 25 Minuten kochen. Die Kartoffeln sind gar, wenn du mit dem kleinen Küchenmesser gut durch sie durchstechen kannst. Große Kartoffeln brauchen zum Garen etwas länger.

4 Stelle das Salatsieb ins Spülbecken, und schütte die Kartoffeln hinein. Brause sie kurz mit kaltem Wasser ab, lasse sie gut abtropfen und so weit abkühlen, daß du sie gerade anfassen kannst. Je heißer die Kartoffeln sind, desto leichter lassen sie sich pellen.

5 Pelle die Schale von den Kartoffeln mit dem Küchenmesser ab. Am besten geht es, wenn du die Kartoffeln auf eine Gabel spießt. Es gibt dafür spezielle dreizinkige Gabeln, auf denen die Kartoffeln besonders fest sitzen. Schneide die Kartoffeln dann in dünne Scheiben, und gib sie in die große Salatschüssel.

6 Schäle die Zwiebeln, und halbiere sie mit dem Küchenmesser. Dann legst du die Zwiebelhälften mit den Schnittflächen nach unten auf das Schneidebrett und schneidest sie der Länge nach ein, jedoch nicht ganz durch. Halte die Hälften dabei gut fest, und paß auf deine Finger auf. Schneide die Hälften quer in sehr feine Streifen. Dadurch zerfällt die Zwiebel in kleine Würfel.

7 Anschließend schneidest du die Gewürzgurken zuerst in Streifen und dann in kleine Würfel.

8 Schäle den Apfel mit dem Schälmesser, halbiere ihn mit dem Küchenmesser, und entferne den Stiel und das Kerngehäuse. Nun schneidest du die Apfelhälften zunächst in Spalten und dann in Würfel.

9 Mische nun in der Schüssel die Zwiebel- und die Gurkenwürfel sowie die Apfelwürfel mit den Kartoffelscheiben.

10 Gib die Salatmayonnaise, den Essig und die Gewürze in die kleine Schüssel, und verrühre alles mit dem Schneebesen. Zum Schluß gießt du die Sauce über die Salatzutaten und mischst alles ganz sorgfältig mit dem Salatbesteck.

Knuddels Tip

Rohe Zwiebeln am Kartoffelsalat sind nicht jedermanns Sache. Du kannst die Zwiebel entweder ganz weglassen oder die in Würfel geschnittene Zwiebel ein paar Minuten in etwas Fleisch- oder Gemüsebrühe kochen und dann in ein Sieb abgießen. Wenn sie abgekühlt ist, gibst du sie an den Salat.

Knuddels Lieblingsgerichte

Weißt du, wann ich das letzte Mal so richtig wütend geworden bin? Als ich mir gewünscht habe, eine Woche lang jeden Tag meine Lieblingsspaghetti zu bekommen, und meine Knuddelmutter mir statt dessen schon am dritten Tag etwas anderes vorgesetzt hat. Heute kann mir das nicht mehr passieren, denn inzwischen koche ich mir nicht nur meine Spaghetti selbst, sondern ich kenne bereits so viele Rezepte, daß es gar nicht jeden Tag das gleiche geben muß. Vielfalt ist jetzt angesagt!

Wenn mein Appetit riesig ist, backe ich mir eine Pizza; habe ich zwischendurch zuviel genascht, reicht auch ein kleines Süppchen. Und was glaubst du, wie meine Knuddelfamilie gestaunt hat, als ich ihr einen „Falschen Hasen" serviert habe. Na, da war was los...

Es ist übrigens ein Märchen, daß alles, was Kindern besonders gut schmeckt, nicht so gesund ist. Du brauchst keineswegs auf Nudeln und Pizza zu verzichten – vorausgesetzt, du wählst dafür die richtigen Zutaten: statt normaler Nudeln solche aus Vollkornmehl, statt behandeltem Reis lieber Naturreis, statt zerkochtem Gemüse lieber welches mit „Biß".

Denn je naturbelassener die Lebensmittel sind, desto höher ist ihr Anteil an wertvollen Vitaminen, Ballast- und Mineralstoffen. Um gesund zu bleiben, brauchen wir die Nährstoffe Eiweiß, Fett und Kohlenhydrate sowie Vitamine, Mineralstoffe und auch Wasser. Diese Stoffe liefern uns die Lebensmittel in jeweils unterschiedlicher Menge und Zusammensetzung. Leider gibt es aber kein einziges, in dem alle Nährstoffe gleichzeitig enthalten sind, deshalb sollten unsere Mahlzeiten vielseitig und abwechslungsreich sein – das hält uns fit und leistungsfähig.

So, nun ist es aber genug mit der Theorie. Also Schürze umgebunden und nichts wie ab in die Küche! Ich bin gespannt, welches Leibgericht du am liebsten eine ganze Woche lang kochen möchtest...

Risotto mit Schinken

Du brauchst für 4 Portionen:

1 mittelgroße Stange Lauch (Porree)

2 mittelgroße Möhren

200 g Champignons

1 Bund Petersilie

1 EL Öl, 250 g Naturreis

¾ l heißes Wasser

1 TL gekörnte Brühe

300 g rohen Schinken in Scheiben

Außerdem stellst du dir folgendes bereit:
kleines Küchenmesser
Schneidebrett
Schälmesser
Küchenkrepp
(beschichtete) Bratpfanne mit Deckel
Bratenwender
Rührlöffel

Zubereitungszeit: ca. 1 Stunde

Und so wird's gemacht:

1 Entferne von der Lauchstange den Wurzelansatz, die grünen Blattspitzen und die äußeren Blätter. Dann schneidest du die Stange mit dem Küchenmesser in Scheiben.

2 Schäle die Möhren mit dem Schälmesser, halbiere sie mit dem Küchenmesser der Länge nach und schneide sie in kleine Würfel.

3 Spüle nun die Lauchstücke, die Möhrenstückchen, die frischen

Champignons und die Petersilie unter fließend kaltem Wasser ab, und lasse sie auf Küchenkrepp abtropfen.

4 Schneide nun von den Champignons mit dem Küchenmesser unten ein Stück ab, und schneide die Pilze in Scheiben.

5 Entferne die welken Blätter von der Petersilie, und wasche die Petersilie unter fließend kaltem Wasser. Dann zupfst du die Blätter von den Stengeln und schneidest sie klein. Stelle die Petersilie beiseite.

6 Gieße das Öl in die Bratpfanne, stelle sie auf die Herdplatte, und schalte auf Stufe 2. Warte, bis das Öl heiß genug ist (siehe auch Seite 9), und gib dann das Gemüse und die Pilzscheiben dazu.

7 Brate alles etwa 3 Minuten an. Dabei mußt du immer wieder mit dem Bratenwender umrühren. Dann gibst du den Reis dazu und läßt ihn in etwa 2 Minuten glasig werden.

8 Jetzt gießt du das heiße Wasser hinzu, rührst die gekörnte Brühe darunter und läßt alles aufkochen.

9 Schalte dann die Herdplatte auf Stufe 1 zurück, lege einen Deckel auf die Pfanne, und lasse alles etwa 20 Minuten kochen.

10 In der Zwischenzeit legst du die Schinkenscheiben übereinander auf das Schneidebrett und schneidest sie zuerst in Streifen und dann in Würfel.

11 Zum Schluß rührst du die Schinkenwürfel unter den Risotto und bestreust alles mit der kleingeschnittenen Petersilie.

Frühlingssuppe mit Buchstabennudeln

Du brauchst für 4 Portionen:

2 Möhren

¼ Sellerieknolle

125 g grüne Bohnen

1 kleine Stange Lauch (Porree)

1 kleine Zwiebel

2 EL Butter oder Margarine

1 l Wasser

4 TL gekörnte Brühe

50 g Buchstabennudeln

1 Bund Petersilie

1 Prise Salz

1 Prise Pfeffer

½ TL Paprikapulver, edelsüß

Außerdem stellst du dir folgendes bereit:

Schälmesser

kleines Küchenmesser

Schneidebrett

Salatsieb

mittelgroßen Kochtopf

Kochlöffel

Küchenkrepp

Zubereitungszeit: ca. 1 Stunde

Und so wird's gemacht:

1 Schabe die Möhren, schäle die Sellerieknolle mit dem Schälmesser, und schneide dann beides mit dem Küchenmesser in kleine Würfel.

2 Schneide von den Bohnen die Spitzen ab, dabei lösen sich auch die Fäden an den Seiten der Bohnen. Junge, feine Bohnen haben meist keine Fäden. Dann schneidest du die Bohnen in kleine Stücke.

3 Entferne von der Lauchstange den Wurzelansatz, die grünen Blattspitzen und die äußeren Blätter. Danach schneidest du den Lauch mit dem Küchenmesser in Streifchen.

4 Schäle die Zwiebel, und halbiere sie der Länge nach mit dem Küchenmesser. Lege die Zwiebelhälften mit den Schnittflächen nach unten auf das Schneidebrett, und schneide sie der Länge nach ein, jedoch nicht ganz durch. Dann schneidest du die Hälften quer in Streifen. Die Zwiebel zerfällt nun automatisch in kleine Würfel.

5 Gib das Gemüse in das Salatsieb, stelle es ins Spülbecken, und wasche das Gemüse unter fließend kaltem Wasser gründlich ab. Vor allem den Lauch mußt du sorgfältig waschen, er ist oft sandig. Dann läßt du das Gemüse abtropfen.

6 Gib die Butter oder die Margarine in den Kochtopf, stelle ihn auf die Herdplatte, und schalte sie auf Stufe 2. Warte, bis die Butter oder die Margarine geschmolzen ist.

7 Dann schüttest du das abgetropfte Gemüse in den Topf und dünstest es darin etwa 2 Minuten. Dabei mußt du immer wieder mit dem Kochlöffel umrühren, damit nichts anbrennt.

8 Gieße nun das Wasser über das Gemüse, und rühre die gekörnte Brühe hinein.

9 Schalte jetzt die Herdplatte auf Stufe 3, und warte so lange, bis die Suppe anfängt zu kochen. Dann schaltest du auf Stufe 1 zurück und läßt die Suppe zugedeckt etwa 15 Minuten leise kochen; der Profi sagt dazu „köcheln".

10 Gib nun die Buchstabennudeln in die Suppe, rühre noch einmal um, und koche die Nudeln 10 Minuten mit.

11 Entferne in der Zwischenzeit die welken Blätter von der Petersilie, und wasche die Petersilie unter fließend kaltem Wasser. Dann zupfst du die Blätter von den Stengeln und tupfst sie mit Küchenkrepp trocken. Nun schneidest du die Petersilie mit dem Küchenmesser klein.

12 Schmecke die Suppe mit Salz, Pfeffer und Paprikapulver ab, und bestreue sie zum Schluß mit der Petersilie.

Mal was anderes

Statt Buchstabennudeln kannst du auch Reis in die Suppe geben, dann mußt du allerdings beachten, daß er eine längere Garzeit hat als die Buchstabennudeln. Du mußt ihn etwa 20 Minuten mitkochen.

Wer mag, streut sich noch etwas geriebenen Käse, zum Beispiel Parmesan, über die Frühlingssuppe.

Außer den genannten Gemüsesorten kannst du auch noch grüne Erbsen, Brokkoli oder Blumenkohl in die Suppe geben, alles natürlich in kleine Stücke geschnitten.

Heißhungerhamburger

Du brauchst für 4 Portionen:

2 kleine Zwiebeln

300 g Rinderhackfleisch

1 EL Tomatenmark

1 TL Paprikapulver edelsüß

1 Prise Pfeffer

½ TL Salz

3 EL Öl

4 Kopfsalatblätter

1 Fleischtomate

4 Vollkornbrötchen

4 TL Salatmayonnaise

4 TL Tomatenketchup

Außerdem stellst du dir folgendes bereit:
kleines Küchenmesser
Schneidebrett
Rührschüssel
(beschichtete) Brat-
pfanne
Bratenwender
Küchenkrepp
Tomatenmesser
Brotmesser

Zubereitungszeit: ca. 40 Minuten

Und so wird's gemacht:

1 Schäle die Zwiebel, und halbiere eine davon der Länge nach mit dem Küchenmesser. Lege die Zwiebelhälften mit den Schnittflächen nach unten auf das Schneidebrett, und schneide sie der Länge nach ein, jedoch nicht ganz durch. Dann schneidest du die Hälften quer in Streifen. Die Zwiebel zerfällt nun automatisch in kleine Würfel. Die zweite Zwiebel schneidest du in vier gleich große Scheiben.

2 Gib die Zwiebelwürfel, das Hackfleisch, das Tomatenmark, das Paprikapulver, den Pfeffer und das Salz in die Rührschüssel, und verknete alle Zutaten gründlich zu einem glatten Hackteig. Das geht am besten mit feuchten Händen. Der Hackteig sollte dann nicht mehr zerbröseln.

3 Teile den Teig in vier Portionen, und forme aus jeder Portion mit feuchten Händen eine flache, runde Frikadelle. Die Frikadellen sollten nicht zu dick sein. Wenn du merkst, daß du zuviel Fleischteig hast, brate lieber sechs Frikadellen, und hebe dann zwei auf – sie schmecken auch kalt sehr gut.

4 Stelle die Pfanne auf die Herdplatte, gieße das Öl hinein, und schalte die Platte auf Stufe 3. Warte 3 bis 4 Minuten, bis das Öl heiß genug ist (siehe auch Seite 9).

5 Lege nun die Frikadellen in die Pfanne, und brate sie zunächst 4 Minuten auf der einen Seite. Dann drehst du sie mit dem Bratenwender um und brätst sie auf der anderen Seite ebenfalls 4 Minuten. Sie müssen auf beiden Seiten braun und knusprig sein.

6 In der Zwischenzeit wäschst du die Salatblätter unter fließend kaltem Wasser und trocknest sie mit

Küchenkrepp gut ab. Außerdem wäschst du die Tomate, schneidest sie mit dem Tomatenmesser in vier Scheiben und entfernst die grünen Stengelansätze.

7 Schneide die Vollkornbrötchen mit dem Brotmesser quer durch, und bestreiche die untere Hälfte mit je 1 Teelöffel Salatmayonnaise.

8 Lege nun nacheinander jeweils ein Salatblatt, eine Frikadelle, eine Zwiebelscheibe, eine Tomatenscheibe darauf, und gib jeweils 1 Teelöffel Tomatenketchup darüber. Die zweite Brötchenhälfte legst du zum Schluß obenauf.

Mal was anderes

Aus dem Hamburger kannst du ganz schnell einen Cheeseburger machen. Brate dazu die Frikadellen, wie im Rezept beschrieben, und lege dann auf jede je eine Scheibe Scheiblettenkäse. Du kannst natürlich auch einen anderen gut schmelzenden Käse nehmen, z. B. Raclettekäse. Decke die Pfanne mit einem Deckel zu, schalte die Herdplatte aus, und lasse die Pfanne so lange stehen, bis der Käse geschmolzen ist. Nach etwa 1 Minute solltest du einmal nachschauen. Dann legst du die Cheeseburger, wie im Hamburgerrezept beschrieben, auf die Brötchenhälften.

Knuddels Tip

Die Hamburger werden besonders knusprig, wenn du die Brötchen auf dem Brötchenaufsatz des Toasters vorgewärmt hast.

Möchtest du bei deiner Geburtstagsparty Hamburger servieren, macht es viel Spaß, wenn sich jeder selbst seinen Lieblingshamburger zusammenstellen kann. Dafür bereitest du folgende Zutaten auf einer großen Platte vor: Frikadellen, aufgeschnittene Brötchen, gewaschene Salatblätter von verschiedenen Salaten, Tomatenscheiben, Zwiebelringe, Radieschenscheiben und je ein Schälchen Ketchup, Mayonnaise und Senf. Wenn es ganz üppig sein soll, kannst du auch noch Käsescheiben, Gurkenscheiben und Frühstücksspeck bereitstellen.

Jeder darf sich nun seinen Hamburger nach ganz persönlichem Geschmack belegen.

Ofenkartoffeln mit Kräuterquark

Du brauchst für 4 Portionen:

4 große, möglichst mehligkochende Kartoffeln
1 TL Öl
500 g Magerquark
1 TL Salz
2 Messerspitzen Paprikapulver edelsüß
6 EL Milch
2 Bund Schnittlauch
2 Bund Radieschen

Außerdem stellst du dir folgendes bereit:
Spülbürste
Küchenkrepp
Gabel
Küchenschere
Alufolie
Kuchenpinsel
Backblech
große Schüssel
Rührlöffel
Schneidebrett
kleines Küchenmesser
Geschirrtuch
Eßlöffel

Zubereitungszeit: ca. 1¼ Stunden

Und so wird's gemacht:

1 Heize den Backofen auf 220° C vor. Bürste die Kartoffeln gründlich unter fließend kaltem Wasser ab. Sie müssen sehr sauber sein, da sie mit der Schale gegessen werden. Trockne sie mit Küchenkrepp ab, und stich sie mit der Gabel mehrmals leicht ein.

2 Schneide mit der Schere ein großes Stück Alufolie in vier gleich große Teile. Sie müssen so groß sein, daß du jeweils eine Kartoffel gut darin einwickeln kannst.

3 Bepinsle die glänzenden Seiten der Alufolie mit dem Öl, und wickle jeweils eine Kartoffel in ein Stück Folie ein.

4 Dann legst du die Kartoffeln auf das Backblech, schiebst es in den vorgeheizten Ofen und läßt sie etwa 50 Minuten garen.

5 In der Zwischenzeit gibst du den Quark in die Schüssel und verrührst ihn mit dem Salz, dem Paprikapulver und der Milch.

6 Spüle den Schnittlauch unter kaltem Wasser ab, tupfe ihn mit Küchenkrepp trocken, und lege ihn auf das Schneidebrett. Schneide ihn mit dem Küchenmesser in kleine Röllchen, und rühre ihn in den Quark.

7 Dann wäschst du die Radieschen unter fließend kaltem Wasser und entfernst die weißen Wurzelenden sowie die grünen Blattansätze mit dem Küchenmesser. Schneide die Radieschen in Scheiben, und rühre sie ebenfalls in den Quark.

8 Überprüfe, ob die Kartoffeln gar sind. Dafür nimmst du das Geschirrtuch, umwickelst damit deinen Daumen und drückst dann auf die Kartoffeln. Geben sie nach, sind sie gar. Aber paß auf, daß du dich nicht verbrennst!

9 Schneide die Folie mit dem Küchenmesser über Kreuz so tief ein, daß auch die Kartoffeln eingeschnitten sind. Öffne die Folie, und biege die Kartoffelschalen mit dem Löffel etwas zurück.

10 Gib nun jeweils einen großen Klecks Kräuterquark auf die Kartoffeln. Den Rest des Quarks gibst du in eine Schüssel, so daß sich jeder nach Belieben nachnehmen kann.

Mal was anderes

Verrühre den Quark mit 4 Eßlöffeln süßer oder saurer Sahne, und nimm statt des Schnittlauchs frische, gemischte Kräuter wie Kerbel, Basilikum, Borretsch und Petersilie, die du gründlich wäschst und fein hackst. Sehr lecker ist auch Quark mit zerdrücktem Knoblauch. Dazu schälst du zwei große Knoblauchzehen mit einem Küchenmesser und drückst sie dann durch eine Knoblauchpresse in den Quark.

Knuddels Tip

Wenn es besonders schnell gehen soll, kannst du die Kartoffeln mit der Schale etwa 30 Minuten in einem Topf mit reichlich Wasser vorkochen und danach, in Alufolie eingewikkelt, im Backofen 10 bis 20 Minuten bei 220° C backen. Willst du die Kartoffel in der Folie als Beilage servieren, z. B. zu gebratenem Fleisch, gibst du auf die geöffnete Kartoffel nur etwas Salz und Pfeffer und setzt 1 Teelöffel Butter oder einen Klecks Sahne darauf.

Vollkornpizza

Du brauchst für 4 Portionen:

Für den Teig:

250 g Vollkornmehl

1 Päckchen Backpulver

1 Ei

125 g Magerquark

4 EL Milch

5 EL Öl

½ TL Salz

2 EL Mehl zum Teigausrollen

1 EL Butter für die Form

Für den Belag:

150 g Mortadella

2 kleine Paprikaschoten

2 kleine Zwiebeln

2 EL Öl

250 g gemischtes Hackfleisch
(halb Rindfleisch, halb Schweinefleisch)

1 Prise Salz, 1 Prise Pfeffer

6 große Tomaten

200 g geriebenen Gouda

½ TL gerebelten Majoran

**Außerdem stellst du dir
folgendes bereit:**
Rührschüssel
elektrisches Hand-
rührgerät mit
Knethaken
Geschirrtuch
Küchenmesser
Schneidebrett
mittelgroßen Kochtopf
Kochlöffel
Nudelholz

Lineal
Springform mit 30 cm ⌀
Pergamentpapier
Küchenkrepp
Tomatenmesser

Zubereitungszeit: ca. 1¾ Stunden

Und so wird's gemacht:

1 Für den Teig siebst du das Mehl zusammen mit dem Backpulver in die Rührschüssel und mischst beides miteinander.

2 Schlage das Ei am Schüsselrand an, und lasse es in die Schüssel gleiten. Gib den Quark, die Milch, das Öl und das Salz dazu.

3 Verknete alles mit dem elektrischen Handrührgerät auf der Stufe 2 zu einem geschmeidigen Teig. Du kannst den Teig natürlich auch mit den Händen kneten.

4 Dann deckst du den Teig mit dem Geschirrtuch zu und stellst ihn für 30 Minuten in den Kühlschrank, damit das Mehl gut quellen kann.

5 In der Zwischenzeit schneidest du die Mortadella zuerst in Scheiben, dann in Streifen und zuletzt in kleine Würfel.

6 Wasche die Paprikaschoten, schneide sie einmal mit dem Küchenmesser von oben nach unten durch, und löse das Kerngehäuse heraus. Dann schneidest du die Paprikahälften in Streifen und diese dann in kleine Würfel.

7 Schäle die Zwiebeln, und schneide sie mit dem Küchenmesser in dünne Scheiben. Heize den Backofen auf 200° C vor.

8 Gieße das Öl in den Kochtopf, stelle ihn auf die Herdplatte, und schalte auf Stufe 3. Warte, bis das Öl heiß ist (sie auch Seite 9), und gib dann das Hackfleisch, die Mortadella- und die Paprikawürfel, die Zwiebelscheiben, Salz und Pfeffer hinein.

9 Schalte die Herdplatte zurück auf Stufe 2, und gare alles etwa 15 Minuten. Dabei mußt du hin und wieder mit dem Kochlöffel umrühren. Dann läßt du alles abkühlen.

10 Bestreue die Arbeitsfläche mit 2 Eßlöffeln Mehl, und rolle darauf den Teig mit dem Nudelholz zu einer runden Teigplatte von etwa 30 Zentimeter Durchmesser aus.

11 Gib die Butter zum Fetten der Form in die Springform, und fette diese mit Hilfe des Pergamentpapiers ein. Vergiß dabei nicht den Rand! Dann legst du den Teig hinein.

12 Wasche die Tomaten, schneide sie mit dem Tomatenmesser in Scheiben, und entferne die grünen Stielansätze.

13 Verteile die Hackfleischmasse auf dem Teigboden, lege darauf die Tomatenscheiben und streue den Käse und zuletzt den Majoran darüber.

14 Stelle die Springform auf die mittlere Schiene des Backofens, und backe die Pizza 35 bis 40 Minuten.

Mal was anderes

Schneller geht die berühmte Pizza Margherita. Dafür bereitest du den Teig wie angegeben zu und legst ihn in die Springform. Nun brauchst du vier große Tomaten, die du wäschst und in Scheiben schneidest, und 200 Gramm Mozzarella, den du ebenfalls in Scheiben schneidest, außerdem noch ein Bund frisches Basilikum, natürlich gewaschen und trockengetupft. Jetzt legst du immer abwechselnd eine Tomaten- und eine Mozzarellascheibe auf den Teig, so daß sich die Scheiben leicht überlappen. Dazwischen gibst du gelegentlich ein Blatt Basilikum. Wenn du magst, kannst du noch eine feingehackte Knoblauchzehe darüberstreuen.

In etwa 25 Minuten ist diese Pizza fertig gebacken.

Spaghetti mit Tomatensauce

Du brauchst für 4 Portionen:

Für die Tomatensauce:

1 kleine Zwiebel

4 EL Öl

400 g gemischtes Hackfleisch

(halb Rindfleisch, halb Schweinefleisch)

1 Prise Salz

1 Prise Pfeffer

⅛ l heißes Wasser

1 TL gekörnte Brühe

1 Paket Tomatenstücke mit Kräutern (500 g)

Für die Spaghetti:

2 ½ l Wasser

1 ½ TL Salz

1 EL ÖL

400 g Vollkornspaghetti

Außerdem stellst du dir folgendes bereit:

kleines Küchenmesser

Schneidebrett

kleinen Kochtopf

Kochlöffel

Meßbecher

großen Kochtopf

Salatsieb

große Servierschüssel

Zubereitungszeit: ca. 45 Minuten

Und so wird's gemacht:

1 Schäle die Zwiebel, und halbiere sie der Länge nach mit dem Küchenmesser. Lege die Zwiebelhälften mit den Schnittflächen nach unten auf das Schneidebrett, und schneide sie der Länge nach ein, jedoch nicht ganz durch. Schneide nun die Hälften quer in Streifen. Dadurch zerfällt die Zwiebel automatisch in kleine Würfel.

2 Gib das Öl in den kleinen Kochtopf, stelle ihn auf die Herdplatte, und schalte Stufe 2 ein. Warte, bis das Öl heiß genug ist (siehe auch Seite 9). Dann gibst du die Zwiebelwürfel hinein und dünstest sie so lange an, bis sie hellgelb und glasig aussehen. Dabei mußt du sie öfter umrühren und gut im Auge behalten, damit sie nicht braun werden.

3 Gib das Hackfleisch hinzu, und rühre es mit dem Kochlöffel unter die Zwiebeln. Dann brätst du alles auf Stufe 2 etwa 5 Minuten an. Auch dabei mußt du ständig umrühren.

4 Gieße das Wasser an, und gib die gekörnte Brühe sowie das Salz und den Pfeffer dazu. Laß alles auf Stufe 2 ungefähr 8 Minuten kochen. Dabei mußt du immer wieder mal umrühren. Zum Schluß gibst du die Tomatenstücke aus dem Paket dazu und läßt alles 2 Minuten mitkochen.

5 Während die Sauce kocht, fängst du an, die Spaghetti zuzubereiten: Dafür gibst du das Wasser mit dem Salz und dem Öl in den großen Topf und kochst es auf Stufe 3 auf, bis es sprudelt.

6 Stelle die Spaghetti in den Topf, und schalte die Herdplatte auf Stufe 1 zurück.

7 Wenn das Wasser nur noch blubbert, schiebst du die Nudeln, die inzwischen unten schon etwas weich geworden sind, ganz in den Topf hinein (Vorsicht, nicht die Finger verbrennen) und läßt sie 8 bis 10 Minuten kochen. Rühre dabei ab und zu um, damit die Nudeln nicht ankleben.

8 Stelle das Salatsieb ins Spülbecken, und schütte die Nudeln hinein – du hast natürlich vorher eine probiert, um zu sehen, ob sie schon gar sind. Nun läßt du ganz kurz kaltes Wasser über die Nudeln laufen, sonst kleben sie zusammen. Das nennt man „abschrecken".

9 Lasse die Nudeln in dem Sieb gut abtropfen, schütte sie dann in die Servierschüssel, und reiche die Tomatensauce dazu.

Knuddels Tip

Um zu vermeiden, daß die Nudeln in der Servierschüssel zusammenkleben, kannst du 1 Teelöffel Butter hineingeben, ehe du die heißen Nudeln hineinschüttest. Die Butter schmilzt sofort. Wenn du nun die Nudeln mit zwei Löffeln einmal kurz durchmischst, kleben sie nicht mehr aneinander.

Segelbootfisch

Du brauchst für 4 Portionen:

4 Seelachsfilets (je 200 g)
3 EL Zitronensaft
2 Messerspitzen Pfeffer
1 Ei
1 EL Wasser
4 EL Mehl
8 EL Semmelbrösel
1 TL Salz
6 EL Butter oder Margarine
2 kleine Fleischtomaten
4 große Salatblätter

Außerdem stellst du dir folgendes bereit:
Küchenkrepp
große Platte
3 Suppenteller
Gabel
(beschichtete) große
Bratpfanne
Bratenwender
kleines Küchenmesser
Schneidebrett
kleinen Löffel
8 Zahnstocher aus Holz
Küchenschere

Marinierzeit: ca. 30 Minuten
Zubereitungszeit: ca. 30 Minuten

Und so wird's gemacht:

1 Spüle die Fischfilets einzeln unter kaltem Wasser ab, und tupfe sie mit Küchenkrepp gründlich trocken.

2 Lege die Filets auf der großen Platte nebeneinander, beträufle sie mit dem Zitronensaft, und bestreue sie mit Pfeffer. Dann läßt du sie etwa 30 Minuten stehen, damit Zitronensaft und Pfeffer gut einziehen können.

3 Schlage das Ei am Rand des Suppentellers an, und lasse es in den Teller gleiten. Gib das Wasser hinzu und verquirle alles mit der Gabel, bis Eigelb und Eiweiß gut miteinander vermischt sind.

4 Dann schüttest du das Mehl auf den zweiten und die Semmelbrösel auf den dritten Suppenteller. Verteile beides so, daß sich jeweils eine breite Fläche ergibt und kein Berg entsteht.

5 Bestreue die Fischfilets mit dem Salz, und tauche sie einzeln von beiden Seiten zuerst in das Mehl, dann in das Ei und zum Schluß in die Semmelbrösel.

6 Drücke die Brösel mit der Hand leicht an, und schüttle die Filets dann vorsichtig, damit die nicht fest anhaftenden Brösel abfallen.

7 Nun stellst du die Bratpfanne auf die Herdplatte, schaltest die Stufe 3 ein und gibst die Butter oder die Margarine in die Pfanne. Warte so lange, bis das Fett geschmolzen ist, dann schaltest du die Herdplatte auf Stufe 2 zurück.

8 Lege die panierten Fischfilets nebeneinander in die Pfanne, und brate sie etwa 5 Minuten. Die Panade muß braun und knusprig werden. Dann drehst du die Fischfilets mit dem Bratenwender um und brätst sie auf der anderen Seite ebenfalls 5 Minuten.

9 Inzwischen spülst du die Tomaten und die Salatblätter unter kaltem Wasser gründlich ab und trocknest sie mit Küchenkrepp.

10 Schneide von den Tomaten die grünen Stengelansätze mit dem Küchenmesser ab, und halbiere sie quer. Löse mit dem kleinen Löffel das Fruchtfleisch aus den Tomatenhälften heraus, so daß nur noch der Rand wie eine Schüssel stehenbleibt. Dann steckst du je einen Zahnstocher so durch die Ränder der Tomatenhälften, daß die offene Seite seitlich ist. Stecke je eine Hälfte mit dem Zahnstocher vorn auf das Fischfilet. Es soll so aussehen wie ein Vorsegel eines Segelboots.

11 Nun schneidest du die Salatblätter an den Seiten mit der Schere gerade. Fädle an den Seiten jeweils einen Zahnstocher von oben nach unten als Mast durch die Blätter und stecke dann jeweils ein aufgespießtes Blatt in die Mitte des Fischfilets. Das ergibt das Großsegel.

Knuddels Tip

Um den Fischgeruch zu vermeiden, solltest du sämtliches Geschirr, das mit dem Fisch in Berührung gekommen ist, mit Küchenkrepp sorgfältig abwischen, kalt abspülen und mit etwas Essig übergießen. Danach kannst du es abwaschen. Vergiß dabei auch deine Finger nicht. Natürlich solltest du auch das Fenster aufmachen und die Küche gut durchlüften.

Wurstgulasch mit Kartoffelpüree

Du brauchst für 4 Portionen:

Für den Wurstgulasch:

500 g Fleischwurst
80 g durchwachsenen Speck
3 Zwiebeln
1 mittelgroße rote Paprikaschote
1 kleine Salatgurke
4 Zweige Petersilie
⅛ l heißes Wasser
2 TL gekörnte Brühe
2 EL Tomatenmark
1 Prise Salz
1 Prise weißen Pfeffer
1 Prise Zucker
4 EL süße Sahne

Für das Kartoffelpüree:

500 g Kartoffeln
1 Prise Salz
⅛ l Milch
1 TL Butter
1 Prise Muskatnuß

Außerdem stellst du dir folgendes bereit:
großes Küchenmesser
Schneidebrett
kleines Küchenmesser
Schälmesser
Küchenkrepp
2 mittelgroße Kochtöpfe
Kochlöffel
Kartoffelstampfer
Schneebesen

Zubereitungszeit: ca. 2 Stunden

Und so wird's gemacht:

1 Schneide die Fleischwurst mit dem großen Küchenmesser in nicht zu dünne Scheiben und dann in Würfel. Ebenso machst du es auch mit dem Speck.

2 Schäle die Zwiebeln, und halbiere sie der Länge nach mit dem Küchenmesser. Lege die Zwiebelhälften mit den Schnittflächen nach unten auf das Schneidebrett, und schneide sie der Länge nach ein, jedoch nicht ganz durch. Halte die Hälften dabei gut fest. Schneide sie nun quer in Streifen. Dadurch zerfallen die Zwiebeln automatisch in kleine Würfel.

3 Wasche nun die Paprikaschote, schneide sie einmal von oben nach unten mit dem kleinen Küchenmesser durch, und entferne das Kerngehäuse. Dann schneidest du die Paprikahälften in Würfel.

4 Schäle die Salatgurke mit dem Schälmesser, schneide sie dann in Würfel.

5 Entferne die welken Blätter von der Petersilie, und wasche die Petersilie unter fließendem Wasser. Dann zupfst du die Blätter von den Stengeln, tupfst sie mit Küchenkrepp trocken und schneidest sie mit dem Küchenmesser klein.

6 Nun bereitest du das Kartoffelpüree vor. Dazu schälst du die Kartoffeln mit dem Schälmesser und gibst sie mit dem Salz in den einen mittelgroßen Kochtopf. Gieße so viel Wasser hinzu, daß die Kartoffeln bedeckt sind.

7 Stelle den Topf auf die Herdplatte, lege den Deckel auf, schalte Stufe 3 ein, und bringe das Wasser zum Kochen.

8 Wenn das Wasser sprudelt, stellst du auf Stufe 1 zurück und läßt die Kartoffeln etwa 20 Minuten kochen.

9 In der Zwischenzeit gibst du die Speckwürfel in den zweiten Kochtopf, stellst ihn auf eine Kochplatte, schaltest Stufe 2 an und brätst die Speckwürfel so lange, bis sie glasig aussehen. Dann gibst du die Wurststücke, die Zwiebelwürfel und die Gemüsestücke dazu und verrührst alles gründlich miteinander. Lasse alles etwa 5 Minuten kochen. Dabei mußt du hin und wieder umrühren.

10 Gieße nun das heiße Wasser zu dem Wurstgulasch, und rühre die gekörnte Brühe, das Tomatenmark, Salz und Pfeffer darunter. Schalte die Herdplatte auf Stufe 1 zurück, und lasse alles zugedeckt weitere 15 Minuten kochen.

11 Rühre die Sahne unter den fertigen, aber nicht mehr kochenden Wurstgulasch, und bestreue ihn mit der kleingeschnittenen Petersilie. Danach hältst du ihn auf der Stufe ½ warm.

12 Wenn die Kartoffeln gar sind, schüttest du das Wasser ab (siehe auch Seite 10). Dann nimmst du den Kartoffelstampfer und zerdrückst die Kartoffeln, bis sie wie Mus aussehen.

13 Nun gibst du die Milch und die Butter dazu und verrührst alles mit dem Kochlöffel. Danach schlägst du das Püree mit dem Schneebesen, bis es glatt aussieht, würzt es mit Muskatnuß, und rührst es noch einmal durch.

Falscher Hase

Du brauchst für 4 Portionen:

1 Brötchen vom Vortag

400 g gemischtes Hackfleisch (halb Rindfleisch, halb Schweinefleisch)

1 Ei

1 mittelgroße Zwiebel

½ TL Salz

¼ TL Pfeffer

½ TL Paprikapulver edelsüß

4 Scheiben geräucherten Speck oder Frühstücksspeck

1 EL Semmelbrösel

5 EL Öl

½ Bund Petersilie

¼ l heißes Wasser

1 Päckchen dunkle Bratensauce

2 EL saure Sahne (nach Geschmack)

Außerdem stellst du dir folgendes bereit:
2 kleine Schüsseln
große Schüssel
kleines Küchenmesser
Schneidebrett
rechteckigen oder
ovalen Bräter
Bratenwender
große Platte
Alufolie
Küchenkrepp
Schneebesen

Zubereitungszeit: ca. 1 ½ Stunden

Und so wird's gemacht:

1 Lege das Brötchen in die eine kleine Schüssel, und gieße so viel kaltes Wasser darüber, daß es bedeckt ist. Laß es gut durchweichen; das dauert etwa 10 Minuten. Drücke es danach – so gut du kannst – aus, und gib das Brötchen in die große Schüssel.

2 Gib nun das Hackfleisch dazu. Dann schlägst du das Ei am Schüsselrand an und läßt es in die große Schüssel gleiten.

3 Schäle die Zwiebel und halbiere sie der Länge nach mit dem Messer. Lege die Zwiebelhälften mit den Schnittflächen nach unten auf das Schneidebrett, und schneide sie längs ein, jedoch nicht ganz durch. Halte sie dabei gut fest. Schneide die Hälften nun quer in Streifen. Dadurch zerfällt die Zwiebel automatisch in kleine Würfel.

4 Gib die Zwiebelwürfel nun zum Hackfleisch, und streue das Salz, den Pfeffer und das Paprikapulver darüber. Heize den Backofen auf 200° C vor.

5 Dann verknetest du alle Zutaten in der großen Schüssel zu einem glatten Fleischteig. Das geht am besten mit den Händen. Achte darauf, daß alle Zutaten gut vermengt sind.

6 Wasche die Hände unter kaltem Wasser, und forme aus dem Fleischteig mit feuchten Händen einen länglichen Kloß. Den legst du dann in den Bräter.

7 Lege nun die Speckscheiben auf den Kloß, und drücke sie dabei leicht an. Bestreue den Fleischkloß dann mit Semmelbrösel.

8 Gieße das Öl über den Fleischkloß, und schiebe den Bräter auf die mittlere Schiene in den vorgeheizten Backofen. Lasse nun den Falschen Hasen 50 bis 60 Minuten braten.

9 Nimm den fertigen Hackbraten mit dem Bratenwender aus dem Bräter, lege ihn auf die Platte, und wickle die Oberseite in Alufolie ein, damit der Hackbraten schön warm bleibt.

10 Entferne die welken Blätter von der Petersilie, und wasche die Petersilie unter fließendem Wasser. Dann zupfst du die Blätter von den Stengeln, tupfst sie mit Küchenkrepp trocken und schneidest sie mit dem Küchenmesser klein.

11 Stelle den Bräter auf die Herdplatte, schalte sie auf Stufe 3, und gieße das heiße Wasser in den Bräter. Verrühre es mit dem Bratensatz, und warte, bis die Flüssigkeit zu kochen beginnt.

12 Rühre dann nach der Anweisung auf der Packung die Bratensauce mit dem Schneebesen hinein. Lasse die Flüssigkeit unter Rühren einmal aufkochen, damit das Saucenpulver bindet und die Sauce dicklich wird. Dann gibst du die kleingeschnittene Petersilie dazu und rührst nochmals um. Wenn du magst, kannst du die Sauce mit der Sahne abrunden.

13 Wickle den Falschen Hasen aus der Alufolie, und serviere ihn mit der Sauce.

Mal was anderes

Der Hackbraten schmeckt noch würziger, wenn du unter den Fleischteig noch ½ Teelöffel gerebelten Thymian und Oregano mischst und außerdem jeweils 1 Eßlöffel rote und grüne Paprikawürfel zugibst.

Knuddels Tip

Zum Hackbraten passen ein knackiger, bunter Salat und knuspriges, frisches Stangenweißbrot. Natürlich kann man auch Kartoffelpüree (Rezept siehe Seite 46) oder Salzkartoffeln dazu essen.

Schinkenwaffeln

Du brauchst für 9 Waffeln:

4 Eier

150 g Butter oder Margarine

1 Prise Salz

100 g Speisestärke

100 g Weizenvollkornmehl

½ TL Backpulver

125 g gekochten Schinken in Scheiben

1 kleine Zwiebel

2 kleine Gewürzgurken

2 EL Milch

1 Prise schwarzen Pfeffer

¼ TL Paprikapulver edelsüß

1 TL Öl für das Waffeleisen

Außerdem stellst du dir folgendes bereit:
elektrischen Mixer
große Rührschüssel
kleines Küchenmesser
Schneidebrett
Rührlöffel
elektrisches Waffeleisen
Kuchenpinsel
Gabel
großen Teller

Zubereitungszeit: ca. 1 Stunde

Und so wird's gemacht:

1 Schlage die Eier am Rand des Mixers an, und lasse sie in das Mixgefäß gleiten.

2 Gib die Butter oder die Margarine, das Salz, die Speisestärke, das Mehl und das Backpulver hinzu.

3 Schließe den Deckel des Mixers, und schalte das Gerät für etwa 3 Minuten an. Fülle dann den Teig in die große Rührschüssel. Heize den Backofen zum Warmhalten der Waffeln auf 50° C vor.

4 Lege die Schinkenscheiben übereinander auf das Schneidebrett, und schneide sie mit dem Küchenmesser zuerst in Streifen, dann in kleine Würfel.

5 Schäle die Zwiebel, und halbiere sie der Länge nach mit dem Küchenmesser. Lege die Zwiebelhälften mit den Schnittflächen nach unten auf das Schneidebrett, und schneide sie längs ein, jedoch nicht ganz durch. Halte die Hälften dabei gut fest. Schneide sie nun quer in Streifen. Die Zwiebel zerfällt automatisch in kleine Würfel.

6 Dann schneidest du die Gurken zuerst in Scheiben und dann in kleine Würfel.

7 Gib die Schinken-, die Zwiebel- und die Gurkenwürfel sowie die Milch, den Pfeffer und das Paprikapulver in die Rührschüssel, und verrühre alles mit dem Rührlöffel sorgfältig mit dem Teig.

8 Heize das Waffeleisen vor. Es ist heiß genug, wenn das Kontrolllämpchen erlischt. Dann pinselst du das Waffeleisen mit dem Öl ein, gibst 2 bis 3 Eßlöffel des Teiges darauf und schließt den Deckel.

9 Dann backst du den Teig 2 bis 3 Minuten. Dann nimmst du die fertige Waffel mit einer Gabel heraus, legst sie auf den großen Teller und stellst sie im vorgeheizten Backofen warm. Jetzt nimmst du wieder 2 bis 3 Eßlöffel Teig und backst die nächste Waffel. Das machst du so lange, bis der Teig aufgebraucht ist.

Mal was anderes

Käsewaffeln
Statt des Schinkens nimmst du etwa 100 Gramm grob geriebenen Käse, zum Beispiel Gouda, und gibst ihn in den Teig.

Gemüsewaffeln
Gib statt Schinken oder Käse eine mittelgroße, grob geraspelte Möhre in den Waffelteig. Die Möhre schälst du vorher mit dem Schälmesser und raspelst sie dann auf einer groben Rohkostreibe.

Würstchen im Schlafrock

Du brauchst für 4 Portionen:

1 Paket Blätterteig aus der Tiefkühltruhe (300 g)

½ Bund Petersilie

4 TL Tomatenketchup

8 Frankfurter Würstchen

1 Ei

Außerdem stellst du dir folgendes bereit:
Küchenkrepp
kleines Küchenmesser
Schneidebrett
Nudelholz
2 kleine Schüsseln
Kuchenpinsel
Backblech

Zubereitungszeit: ca. 1 Stunde

Und so wird's gemacht:

1 Nimm die Blätterteigscheiben aus der Packung, lege sie nebeneinander auf die Arbeitsfläche, und lasse sie etwa 20 Minuten liegen, damit sie vollständig auftauen.

2 In der Zwischenzeit zupfst du die welken Blätter von der Petersilie ab, spülst die Petersilie unter fließend kaltem Wasser ab und tupfst sie mit Küchenkrepp trocken. Dann schneidest du sie mit dem Küchenmesser klein.

3 Heize den Backofen auf 225° C vor. Lege die Blätterteigscheiben so nebeneinander auf die Arbeitsfläche, daß die Seiten etwas übereinanderliegen. Dann rollst du den Teig mit dem Nudelholz etwas größer, bis die Nähte flach sind, und schneidest die große Teigplatte in acht gleich große Stücke.

4 Bestreiche jedes Teigstück mit ½ Teelöffel Tomatenketchup, und bestreue es mit etwas Petersilie.

5 Rolle jeweils ein Würstchen in ein Teigstück ein, und drücke die Ränder ringsherum gut fest.

6 Schlage das Ei am Schüsselrand an und trenne es. Dazu läßt du das Eigelb in die eine, das Eiweiß in die andere Schüssel gleiten. Das Eigelb brauchst du für die Würstchen, das Eiweiß hebst du auf. Vielleicht kann Mutti es gebrauchen.

7 Bepinsle die Teigränder und die Oberfläche mit dem Eigelb. Dann spülst du das Backblech mit kaltem Wasser ab und legst die Würstchen im Schlafrock darauf.

8 Schiebe das Blech auf die mittlere Schiene des vorgeheizten Backofens, und backe den Blätterteig 20 bis 25 Minuten.

Süßes für Schleckermäuler

An sich bin ich ja ein ganz willensstarkes Wesen. Was ich nicht mag, das mag ich eben nicht. Doch wenn ich einen traumhaften Pudding, ein leckeres Eis, eine zarte Creme oder einen süßen Obstsalat nur von weitem sehe, kann ich einfach nicht mehr widerstehen. Das Wasser läuft mir dann im wahrsten Sinne des Wortes im Mund zusammen. So wie mir ergeht es übrigens fast allen – auch den Erwachsenen. Nur geben die es ungern zu. Nun heißt es aber immer, daß allzuviel Süßes ungesund sei. Das stimmt, wenn du von früh bis spät nur süße, klebrige Bonbons lutschst. Wenn du dir aber ab und zu eine süße Nachspeise gönnst, die viel Milch, Quark und frisches Obst enthält, dann ist nichts dagegen einzuwenden. Mit Zucker solltest du allerdings so sparsam wie möglich umgehen. Denn er enthält weder Vitamine noch Mineral- oder Ballaststoffe und ist schädlich für die Zähne. Außerdem wird zuviel Zucker im Körper in Fett umgewandelt, und das macht bekanntlich dick. Statt dessen süße deine Speisen lieber mit natürlichen Süßungsmitteln, wie zum Beispiel mit Honig. Du mußt nur aufpassen, daß du mit dem Honig nicht herumkleckerst, weil sonst alle Küchenmöbel und der ganze Fußboden kleben. So, jetzt heißt es, alle Naschkatzen aufgepaßt! Denn nun kommen die Rezepte für die märchenhaften Desserts für Leckermäuler, nach denen man sich einfach die Finger schlecken muß . . .

Fruchtsalat mit Vanilleeis

Du brauchst für 4 Portionen:

2 Äpfel

2 Kiwis

100 g Erdbeeren

2 Bananen

2 EL Zitronensaft

2 EL Honig

2 EL Mandelstifte

1 EL ungeschwefelte Rosinen

1 Packung Vanilleeis (300 g)

Außerdem stellst du dir folgendes bereit:
Schälmesser
kleines Küchenmesser
Schneidebrett
Schüssel
Eisportionierer
4 Dessertschalen

Zubereitungszeit: ca. 20 Minuten

Und so wird's gemacht:

1 Schäle die Äpfel mit dem Schälmesser. Dann nimmst du das Küchenmesser, schneidest die Äpfel in Viertel und entfernst die Kerngehäuse. Schneide nun die Apfelschnitze in kleine Würfel.

2 Schäle die Kiwis mit dem Schälmesser, und schneide sie dann mit dem Küchenmesser in Scheiben. Diese halbierst du noch. Gib sie dann mit den Apfelwürfeln in die Schüssel.

3 Wasche die Erdbeeren, zupfe die grünen Stengelansätze ab, und halbiere die Beeren mit dem Küchenmesser.

4 Schäle die Bananen, und schneide sie mit dem Küchenmesser in dünne Scheiben.

5 Gib nun die Erdbeeren und die Bananen in die Schüssel, und mische alles sorgfältig mit dem Zitronensaft, dem Honig, den Mandelstiften und den Rosinen.

6 Verteile den Salat nun auf vier Dessertschalen, und lasse in der Mitte jeweils eine Mulde für das Vanilleeis.

7 Mit dem Eisportionierer löst du nun vier Kugeln aus dem Vanilleeis. Das geht am besten, wenn du ihn zwischendurch immer wieder in kaltes Wasser tauchst. Dann setzt du jeweils eine Kugel auf den Fruchtsalat in den Schälchen.

Wackelnder Willi

Du brauchst für 4 Portionen:

8 Blatt weiße Gelatine

½ l Wasser

3 EL Wasser

½ l Apfelsaft

1 TL Zitronensaft

Außerdem stellst du dir folgendes bereit:
große Schüssel
Eßlöffel
kleinen Kochtopf
Schneebesen
großen Kochtopf
Puddingform
großen Teller

Zubereitungszeit: ca. 15 Minuten
Gelierzeit: ca. 1 Stunde

Und so wird's gemacht:

1 Lege die Gelatineblätter in die große Schüssel, und gieße ½ Liter kaltes Wasser dazu. Lasse die Gelatine 5 Minuten weichen.

2 Gieße nun 3 Eßlöffel kaltes Wasser in den kleinen Kochtopf. Nimm die weichgewordenen Gelatineblätter aus dem Wasser, drücke sie mit den Händen vorsichtig aus, und lege sie in den kleinen Kochtopf.

3 Stelle den Kochtopf auf die Herdplatte, schalte die Stufe 1 ein, und erwärme alles. Dabei mußt du so lange mit dem Schneebesen

rühren, bis sich die Gelatine vollständig aufgelöst hat. Paß aber auf, daß sie nicht anfängt zu kochen, sonst verliert sie ihre Gelierfähigkeit! Wenn sich die Gelatine aufgelöst hat, nimmst du den Topf sofort von der Herdplatte.

4 Gieße den Apfelsaft und den Zitronensaft in den großen Topf, stelle ihn auf die Herdplatte, und erwärme die Flüssigkeit etwa 5 Minuten auf Stufe 1.

5 Gieße nun etwa 5 Eßlöffel von der Fruchtsaftmischung in die Gelatinelösung, und rühre dabei kräftig mit dem Schneebesen, damit sich keine Klümpchen bilden.

6 Nun gießt du die Gelatinemischung in den großen Topf mit der restlichen Fruchtsaftmischung und verrührst wieder alles kräftig mit dem Schneebesen.

7 Spüle die Puddingform mit kaltem Wasser aus, gieße die Fruchtsaftmischung hinein, und lasse sie im Kühlschrank fest werden. Das dauert mindestens 1 Stunde.

8 Lege den großen Teller auf die Form, drehe beides um, und hebe die Form ab. Wenn sich der Wackelpudding nicht aus der Form löst, gib etwas heißes Wasser in eine große Schüssel, stelle die Puddingschüssel kurz hinein, und versuche dann noch einmal den Pudding zu stürzen.

Pussys Lieblingscreme

Du brauchst für 4 Portionen:

2 große Bananen
2 EL Zitronensaft
1 großen Becher süße Sahne (250 g)
1 EL Honig
100 g Speisequark
2 TL gehackte Pistazienkerne
4 Katzenzungen oder Löffelbiskuits

Außerdem stellst du dir folgendes bereit:
kleines Küchenmesser
Schneidebrett
2 Rührschüsseln
Pürierstab
Rührlöffel
elektrisches Handrührgerät mit Schneebesen
4 Dessertschalen

Zubereitungszeit: ca. 15 Minuten

Und so wird's gemacht:

1 Schäle die Bananen, schneide sie mit dem Küchenmesser in kleine Stücke, und gib sie in die eine Rührschüssel.

2 Mit dem Pürierstab pürierst du nun die Bananen, bis sie ganz breiig sind. Du kannst sie aber auch mit einer Gabel zerdrücken. Dann rührst du mit dem Rührlöffel den Zitronensaft darunter, damit der Bananenbrei nicht braun wird.

3 Gib die Sahne mit dem Honig in die zweite Rührschüssel, und schlage die Sahne mit dem Schneebesen des elektrischen Handrührgerätes auf Stufe 2 so lange, bis sie halb steif ist.

4 Mit dem Rührlöffel rührst du nun zuerst den Quark unter den Bananenbrei. Dann hebst du die Sahne vorsichtig darunter. Damit die Creme schön locker bleibt, darfst du nicht mehr so kräftig rühren, wenn du die Sahne dazugibst.

5 Verteile die Creme auf die Dessertschalen, bestreue sie mit je ½ Teelöffel gehackten Pistazienkernen, und stecke an den Rand jeder Schale eine Katzenzunge oder einen Löffelbiskuit.

Orangenreis

Du brauchst für 4 Portionen:

100 g Butter oder Margarine
2 Tassen Naturreis (200 g)
4 Tassen Milch
1 Apfel
2 Orangen
½ Tasse geschälte, gehackte Mandeln
1 Tasse ungeschwefelte Rosinen
2 EL Honig
1 Päckchen Vanillinzucker

Außerdem stellst du dir folgendes bereit:
Kochtopf
Kochlöffel
Schälmesser
kleines Küchenmesser
Schneidebrett
Servierschüssel

Zubereitungszeit: ca. 40 Minuten

Und so wird's gemacht:

1 Gib die Butter oder die Margarine in den Kochtopf, stelle ihn auf die Herdplatte, und lasse das Fett auf Stufe 2 schmelzen. Es darf dabei nicht braun werden.

2 Schütte den Reis dazu, und rühre ihn mit dem Kochlöffel gut um.

3 Gieße nach und nach die Milch hinzu und warte, bis der Reis zu kochen beginnt. Dabei mußt du immer wieder umrühren. Dann schal-test du die Herdplatte auf Stufe 1 zurück, legst den Deckel auf den Topf und läßt den Reis etwa 25 Minuten quellen. Am besten stellst du dir dafür einen Küchenwecker.

4 Inzwischen schälst du den Apfel mit dem Schälmesser und schneidest ihn mit dem Küchenmesser in Viertel. Dann entfernst du das Kerngehäuse. Zum Schluß schneidest du die Apfelviertel in Würfel.

5 Schneide von den Orangen mit dem Küchenmesser oben und unten eine Kappe ab. Ritze die Schalen nun mehrmals mit dem Messer von oben nach unten ein, und ziehe sie dann mit den Händen ab. Entferne mit dem Messer sorgfältig die weiße Haut. Dann teilst du die Orangen zuerst in Spalten und schneidest diese anschließend in kleine Stücke.

6 Nimm den Kochtopf mit dem Reis von der Herdplatte (vergiß nicht, sie auszuschalten), und probiere, ob der Reis gar ist. Wenn nicht, mußt du ihn noch etwas quellen lassen. Rühre dann das Obst darunter.

7 Gib die Mandeln, die Rosinen, den Honig und den Vanillinzucker zu dem Reis, und verrühre alles gut miteinander. Dann füllst du den Orangenreis in die Servierschüssel.

Knuddels Tip

Der Orangenreis schmeckt kalt und warm. Wenn du ihn kalt magst, schmeckt er besonders lecker, wenn man 125 Gramm steifgeschlagene süße Sahne darunterzieht.

Kunterbuntes für das Kinderfest

Alle Jahre wieder fiebere ich ihm schon mit Spannung und Ungeduld entgegen: meinem Geburtstag. Denn an diesem Tag dreht sich alles nur um mich. Ich werde geherzt, verwöhnt und beschenkt. Das geht schon am frühen Morgen los, wenn sich die Knuddelfamilie zum Gratulieren versammelt und mir ein Ständchen bringt. Am hübsch gedeckten Frühstückstisch bekomme ich den Ehrenplatz, und mittags gibt es natürlich mein Lieblingsgericht. Ach, wie ich das alles genieße!

Und wenn dann am Nachmittag meine Freunde kommen, wird's so richtig turbulent. Da wird getobt, gespielt, gesungen und natürlich auch ordentlich gebrüllt, aber dafür ist es ja auch mein Tag.

Doch Spielen macht bekanntlich hungrig. Deshalb ist natürlich auch an das leibliche Wohl meiner Gäste (und an mein eigenes) gedacht. Im Mittelpunkt steht die große Geburtstagstorte, hübsch verziert mit meinem Namen. Aber auch etwas Herzhaftes sollte nicht fehlen. Und was glaubt ihr, welchen Spaß es gibt, wenn das Popcorn in der Pfanne knallt? Ein absoluter Höhepunkt ist nach wie vor das Schokoladenfondue. Wenn ich daran denke, wie wir hinterher alle aussehen, legt sich mein Bauch in Lachfalten. Übrigens findest du in diesem Kapitel auch ein paar Vorschläge für originelle Geschenke und Mitbringsel. Ich bin ganz sicher, daß sich deine besten Freunde über einen selbstgebackenen Schokoladenigel riesig freuen und daß Tante Erna aus dem Staunen nicht mehr herauskommt, wenn du sie mit selbstgemachten Fruchtbonbons überraschst.

Eines ist aber sicher – ganz gleich ob du nun Geburtstag, Fasching oder sonst etwas feierst –, dein Fest wird mit deinen selbstgemachten Leckereien ein voller Erfolg...

Wolkenkratzertorte

Du brauchst für 12 Stück:

2 helle Biskuittortenböden vom Bäcker

3 Becher Wackelpudding
mit Waldmeistergeschmack (je 125 g)

3 Becher süße Sahne (je 200 g)

3 Päckchen Sahnesteif

3 Päckchen Vanillinzucker

3 Becher Wackelpudding
mit Himbeergeschmack (je 125 g)

2 Kiwis

1 Tube Fondantglasur Vanille

Außerdem stellst du dir folgendes bereit:
großes Küchenmesser
Eßlöffel
Teigschaber
große Rührschüssel
Handrührgerät
mit Schneebesen
Schälmesser
kleines Küchenmesser
Schneidebrett

Zubereitungszeit: ca. 40 Minuten

Und so wird's gemacht:

1 Lasse dir von deinen Eltern jeden Tortenboden mit dem großen Messer oder mit einem kräftigen Zwirnsfaden waagerecht einmal durchschneiden, so daß du insgesamt vier dünne Böden hast.

2 Hole nun mit dem Eßlöffel den Waldmeisterwackelpudding aus den Bechern heraus, und streiche ihn mit der flachen Seite des großen Küchenmessers oder mit dem Teigschaber auf dem ersten Boden glatt.

3 Setze den zweiten Tortenboden fest auf die grüne Wackelpuddingschicht, aber nicht zu fest.

4 Dann gibst du die Sahne, das Sahnesteifpulver und den Vanillinzucker in die Rührschüssel und schlägst die Sahne mit dem elektrischen Handrührgerät auf Stufe 2 ganz steif. Wenn du danach die Schüssel auf den Kopf stellst, darf die Sahne nicht mehr herausfließen.

5 Mit einem Drittel der Sahne bestreichst du nun mit dem Teigschaber den zweiten Boden.

6 Setze jetzt den dritten Tortenboden auf die Sahneschicht, und bestreiche ihn mit dem Himbeerwackelpudding.

7 Dann legst du den vierten und letzten Tortenboden auf die rote Wackelpuddingschicht.

8 Bestreiche den obersten Tortenboden und die Ränder mit der restlichen Sahne. Schäle die Kiwis mit dem Schälmesser, und schneide sie mit dem kleinen Küchenmesser in Scheiben.

9 Lege die Kiwischeiben im Kreis oben auf die Torte. Lasse in der Mitte aber einen Kreis frei.

10 Zuletzt schreibst du mit der Fondantglasur den Namen des Geburtstagskindes in den Kreis in der Mitte der Torte. Dabei mußt du gleichzeitig vorsichtig auf die Tube drücken.

Schokoladenigel

Du brauchst für ca. 20 Stück:

2 Eier
6 EL Butter oder Margarine
150 g Zucker
2 EL Kondensmilch
4 EL Wasser
175 g Mehl
2 TL Backpulver
30 g Kakao
50 g Mandelstifte

Außerdem stellst du dir folgendes bereit:
2 Rührschüsseln
elektrisches Hand-
rührgerät mit
Schneebesen
Rührlöffel
feinmaschiges Sieb
20 Backförmchen aus
Papier
Eßlöffel
großes Backblech

Zubereitungszeit: ca. 1 Stunde

Und so wird's gemacht:

1 Heize den Backofen auf 200° C vor. Schlage die Eier nacheinander vorsichtig am Schüsselrand an, und trenne sie. Dazu läßt du die Eigelbe in die eine, die Eiweiße in die zweite Rührschüssel gleiten.

2 Gib die Butter oder die Margarine und den Zucker zu den Eigelben in die Schüssel, und rühre alles mit dem elektrischen Handrührgerät auf Stufe 2 schaumig.

3 Nun rührst du die Kondensmilch und das Wasser unter die Eiermischung. Jetzt siebe das Mehl, das Backpulver und den Kakao über die Eiermischung, und rühre alles mit dem Handrührgerät sorgfältig darunter.

4 Schlage die Eiweiße in der zweiten Rührschüssel mit dem elektrischen Handrührgerät auf Stufe 3 so lange, bis sie ganz steif sind. (Du mußt die Schneebesen aber vorher sehr gründlich abspülen – wenn sie nicht ganz sauber sind, wird das Eiweiß nicht steif!) Hebe den Eischnee dann mit dem Rührlöffel vorsichtig unter den Teig.

5 Fülle in jedes Papierbackförmchen 1 Eßlöffel des Teiges, stelle die Förmchen auf das große Backblech, und schiebe es auf die mittlere Schiene des vorgeheizten Backofens. Backe den Teig etwa 20 Minuten.

6 Anschließend läßt du die Schokoladenhäufchen gut abkühlen und besteckst sie noch mit den Mandelstiften, so daß sie wie kleine Igel aussehen.

Knuddels Tip

Die Schokoladenigel eignen sich gut als kleine Stütze für die Tischkarten deiner Gäste. Außerdem sind sie ein willkommenes Mitbringsel.

Popcorn

Du brauchst für 4 Portionen:

2 EL Öl

100 g Popcornmais

Kräutersalz oder braunen Zucker
(je nach Geschmack)

Außerdem stellst du dir folgendes bereit:
große beschichtete Bratpfanne mit Deckel
Bratenwender aus Kunststoff oder Holz
große Servierschüssel

Zubereitungszeit: ca. 15 Minuten

Und so wird's gemacht:

1 Stelle die Bratpfanne auf die Herdplatte, schalte die Stufe 3 ein, gieße das Öl in die Pfanne, und lasse es in 3 bis 4 Minuten heiß werden. Dann schaltest du die Herdplatte auf Stufe 2 zurück.

2 Schütte den Popcornmais in die Pfanne, und paß dabei auf, daß die Körner nicht übereinanderliegen. Eventuell mußt du sie mit dem Bratenwender zurechtschieben.

3 Wenn die ersten Körner aufspringen, legst du schnell den Deckel auf die Pfanne.

4 Jetzt wartest du, bis alle Körner aufgesprungen sind. Vorsicht, es knallt ganz schön. Zwischendurch mußt du die Pfanne mehrmals schütteln, nimm aber den Deckel nicht ab.

5 Wenn das Knallen aufgehört hat, ist das Popcorn fertig. Nimm nun die Pfanne von der Herdplatte, und schütte das Popcorn in die Servierschüssel. Je nach Geschmack kannst du es mit Kräutersalz (pikant) oder braunem Zucker (süß) bestreuen.

Schokoladenfondue

Du brauchst für 4 Portionen:

2 Bananen
2 EL Zitronensaft
200 g Weintrauben
1 kleine Dose Pfirsiche (270 g)
1 kleine Dose Ananas (270 g)
250 g Erdbeeren
3 Birnen
4 Scheiben Napfkuchen
3 Tafeln Milchschokolade (300 g)
6 EL süße Sahne
125 ml Orangensaft

Außerdem stellst du dir folgendes bereit:
kleines Küchenmesser
Schneidebrett
3 kleine Schälchen
Küchenkrepp
2 große Schüsseln
Dosenöffner
Sieb
großes Küchenmesser
Fonduetopf mit Rechaud
Rührlöffel
Spiritus
Streichhölzer
4 Fonduegabeln
4 Fondueteller

Zubereitungszeit: ca. 45 Minuten

Und so wird's gemacht:

1 Zuerst bereitest du die Zutaten zum Eintauchen vor. Dafür schälst du die Bananen, schneidest sie mit dem kleinen Messer in nicht zu dünne Scheiben. Diese halbierst du noch und gibst sie in ein kleines Schälchen. Beträufle sie mit 1 Eßlöffel Zitronensaft, damit sie nicht braun werden.

2 Wasche die Weintrauben unter kaltem Wasser ab, und trockne sie mit Küchenkrepp ab. Zupfe sie von den Stengeln, und gib sie in eine große Schüssel.

3 Öffne mit dem Dosenöffner die Dosen mit den Pfirsichen und der Ananas, und lasse die Früchte in dem Sieb abtropfen.

4 Schneide das Dosenobst mit dem Küchenmesser in mundgerechte Stücke, und gib es in die zweite große Schüssel.

5 Dann wäschst du die Erdbeeren, zupfst die grünen Blattansätze ab und trocknest die Früchte vorsichtig mit Küchenkrepp ab. Gib die Erdbeeren nun in die große Schüssel zu den Weintrauben.

6 Schäle die Birnen mit dem Küchenmesser. Schneide sie in Viertel, und entferne die Kerngehäuse. Dann schneidest du die Viertel in nicht zu kleine Würfel und gibst sie in ein kleines Schälchen. Beträufle sie gleich mit 1 Eßlöffel Zitronensaft, damit sie nicht braun werden.

7 Schneide die Napfkuchenscheiben mit dem großen Küchenmesser in Streifen, dann in mundgerechte Würfel, und gib sie in ein kleines Schälchen.

8 Brich die Schokolade in kleine Stücke, und lege sie in den Fonduetopf. Dann stellst du den Topf auf die Herdplatte, schaltest die Stufe 1 ein und läßt die Schokolade schmelzen. Dabei mußt du hin und wieder umrühren. Ist die Schokolade geschmolzen, rührst du die Sahne und den Orangensaft darunter.

9 Lasse dir den Spiritus von deinen Eltern in den Rechaud füllen und anzünden. Stelle den Rechaud in die Mitte des Eßtisches

und darauf den Fonduetopf. Paß auf, die Schokolade wird leicht dick. Deshalb halte den Rechaud auf kleiner Flamme, und gieße eventuell noch Orangensaft nach.

10 Und so ißt man das Fondue: Jeder nimmt sich von den Obst- und Kuchenstücken ein paar auf seinen Fondueteller. Dann steckt man die einzelnen Stücke auf die Fonduegabel und taucht sie kurz in die Schokolade. Vorsicht, die Bissen können sehr heiß sein, also lasse sie lieber etwas abkühlen, bevor du sie ißt!

Blätterteigwickel

Du brauchst für 4 Portionen:

1 Paket Blätterteig aus der Tiefkühltruhe (300 g)

1 kleine Zwiebel

1 kleine Stange Lauch (Porree)

1 kleine rote Paprikaschote

100 g frische Champignons

3 EL Butter oder Margarine

200 g gemischtes Hackfleisch
(halb Rindfleisch, halb Schweinefleisch)

½ TL Paprikapulver edelsüß

1 Prise Salz

1 Prise schwarzen Pfeffer

2 Eier

Außerdem stellst du dir folgendes bereit:
kleines Küchenmesser
Schneidebrett
Küchenkrepp
großen Kochtopf mit Deckel
Kochlöffel
3 kleine Schüsseln
Nudelholz
Lineal
Eßlöffel
Kuchenpinsel
Backblech

Zubereitungszeit: ca. 1 ½ Stunden

Und so wird's gemacht:

1 Nimm die Blätterteigscheiben aus der Packung, lege sie nebeneinander auf eine Arbeitsfläche, und lasse sie etwa 20 Minuten liegen, damit sie auftauen.

2 In der Zwischenzeit schälst du die Zwiebel und halbierst sie der Länge nach mit dem Küchenmesser. Lege die Zwiebelhälften mit den Schnittflächen nach unten auf das Schneidebrett, und schneide sie der Länge nach ein, jedoch nicht ganz durch. Halte die Hälften dabei gut fest. Schneide sie nun quer in Streifen. Die Zwiebel zerfällt automatisch in kleine Würfel.

3 Entferne von der Lauchstange den weißen Wurzelansatz, die grünen Blattspitzen und die äußeren Blätter. Schneide die Stange mit dem Küchenmesser in gut daumendicke Stücke, und wasche diese sehr gründlich unter kaltem Wasser.

4 Wasche die Paprikaschote, und schneide sie mit dem Küchenmesser von oben nach unten durch. Dann entfernst du das Kerngehäuse und schneidest den Paprika zuerst in Streifen und dann in Würfel.

5 Wasche nun die Champignons gründlich unter kaltem Wasser, und lasse sie auf Küchenkrepp abtropfen. Schneide mit dem Küchenmesser unten vom Stiel ein Stück ab, und schneide die Pilze dann in dünne Scheiben.

6 Dann stellst du den großen Kochtopf auf die Herdplatte und schaltest Stufe 2 ein. Gib die Butter oder die Margarine hinein, und warte, bis sie geschmolzen ist. Gib dann die Zwiebelwürfel hinein, und dünste sie unter Rühren, bis sie hellgelb und glasig aussehen. Das geht sehr schnell!

7 Gib nun das Hackfleisch dazu, und brate es etwa 10 Minuten. Dabei mußt du immer wieder mit dem Kochlöffel umrühren. Heize den Backofen auf 200° C vor.

8 Schütte nun den Lauch, den Paprika und die Champignons zum Hackfleisch, und rühre alles gut um. Dann legst du den Topfdeckel auf und läßt das Ganze 15 Minuten kochen.

9 Schlage nun nacheinander die Eier am Schüsselrand an und trenne sie. Dazu läßt du das erste Eigelb in die eine, das zweite in die andere Schüssel und die Eiweiße in die dritte Schüssel gleiten (siehe auch Seite 9).

10 Lege nun die aufgetauten Blätterteigscheiben wieder aufeinander, und rolle sie mit dem Nudelholz auf der Arbeitsfläche zu einem Rechteck von 25 Zentimeter Breite und 35 Zentimeter Länge aus. Du kannst das Rechteck mit dem Lineal nachmessen.

11 Rühre das eine Eigelb unter deine Hackfleischmischung, und verteile sie dann mit dem Eßlöffel auf dem Blätterteig. Lasse dabei an den schmalen Seiten etwa 3 Zentimeter Teig frei.

12 Schlage diese freien Ränder nach innen auf die Hack-fleischfüllung. Dann rollst du den Teig von der langen Seite her vorsichtig und nicht zu fest auf. Drücke die Nahtstelle und die Seiten fest an, und bepinsle sie mit den Eiweißen.

13 Spüle das Backblech mit kaltem Wasser ab, und lege die Teigrolle vorsichtig darauf. Dann bepinselst du sie mit dem zweiten Eigelb, damit der Blätterteig schön braun wird.

14 Schiebe das Backblech auf die mittlere Schiene des vorgeheizten Backofens, und backe den Blätterteig etwa 30 Minuten.

Fruchtbonbons

Du brauchst für ca. 50 Stück:

½ l Sanddornsaft

3 Tütchen gemahlene weiße Gelatine

2 EL Ahornsirup

3 EL Kokosraspel

Außerdem stellst du dir folgendes bereit:
Eßlöffel
kleinen Kochtopf
Rührlöffel
rechteckige Form von
26 x 20 cm
großes Küchenmesser
kleine Schüssel
Bratenwender
flachen Teller

Zubereitungszeit: ca. 20 Minuten
Gelierzeit: ca. 2 Stunden

Und so wird's gemacht:

1 Nimm von dem Sanddornsaft 12 Eßlöffel ab, und gieße sie in den Topf. Rühre das Gelatinepulver mit dem Rührlöffel hinein, und lasse es etwa 3 Minuten in dem Saft quellen.

2 Dann gießt du den restlichen Saft hinzu. Stelle den Topf auf die Herdplatte, schalte Stufe 1 ein, und erwärme den Saft etwa 6 Minuten. Dabei mußt du ständig rühren und aufpassen, daß die Flüssigkeit nicht kocht, sonst verliert die Gela-tine ihre Gelierfähigkeit. Falls sie doch kocht, mußt du den Topf sofort von der Herdplatte ziehen.

3 Spüle die rechteckige Form mit kaltem Wasser aus, und gieße dann die Flüssigkeit hinein. Stelle die Form für etwa 2 Stunden in den Kühlschrank.

4 Danach schneidest du das fest-gewordene Gelee mit dem großen Küchenmesser in fünf waage-rechte Streifen und löst sie mit dem Bratenwender aus der Form.

5 Die Streifen schneidest du mit dem Küchenmesser in Würfel. Gib den Ahornsirup in die kleine Schüssel, und schütte die Kokosras-pel auf den flachen Teller. Dann wälzt du die Geleewürfel zuerst im Si-rup und dann in den Kokosraspeln.

Muntere Mixgetränke

„Durst ist schlimmer als Heimweh", sagt die Knuddelmutter immer. Und da kann ich ihr nur zustimmen. Denn wenn mich ein Riesendurst überfällt, ist kein Glas mehr vor mir sicher. Aber immer nur Saft, Milch und Limo sind auf die Dauer zu langweilig. Außerdem trinkt das ja jeder. Deshalb habe ich mir einen neuen Spaß ausgedacht: ich mixe.

Und so bekomme ich je nach Lust und Laune immer das passende Getränk. Im Sommer mag ich fruchtigen „Himbeersekt", natürlich eisgekühlt; im Winter wärmt mich nach einer Schlittenpartie ein heißer „Zwergenpunsch" wieder so richtig auf. Habe ich zwischendurch etwas Hunger, dann mixe ich mir einen Milchshake, und ist der Durst am größten, lösche ich ihn mit selbstgemachter Teelimonade.

Recht hübsch und originell sieht es übrigens aus, wenn man Fruchsäfte oder ganze Früchte wie Erdbeeren oder Kirschen oder auch grüne Blätter von Zitronenmelisse mit etwas Wasser in Eiskugelbehältern einfriert und die bunten Kugeln dann in das Glas füllt.

Aber auch sonst bin ich bei der Wahl meiner Durstlöscher recht wählerisch geworden, nachdem ich festgestellt habe, daß Cola und süße Limonade den Durst nur noch größer machen. Deshalb trinke ich nun zum Frühstück und in der Schulpause viel Milch, Kefir oder Buttermilch. Denn Milch enthält reichlich Kalzium, und das ist wiederum gut für meine Zähne und meine Knochen. Zwischendurch schwöre ich auf Fruchtsäfte, die ich gerne mit einem Schuß Mineralwasser „verlängere", sowie auf frisch aufgebrühte Kräuter- und Früchtetees und natürlich auf meine Mixgetränke. Du siehst, es gibt eine Menge gut schmeckender und trotzdem sehr gesunder Durstlöscher. Na denn prost...

Harlekins Himbeersekt

Du brauchst für 2 Gläser:

250 g Himbeeren
(frisch oder tiefgefroren ohne Zucker)
2 EL Honig
2 EL Zitronensaft
2 Eiswürfel
¼ l Sodawasser

Außerdem stellst du dir folgendes bereit:
elektrischen Mixer
2 Ballongläser
Meßbecher

Zubereitungszeit: ca. 10 Minuten

Und so wird's gemacht:

1 Die frischen Himbeeren mußt du sorgfältig verlesen und kurz unter fließend kaltem Wasser waschen. Die tiefgefrorenen brauchst du nur auftauen zu lassen. Gib sie dann mit dem Honig, dem Zitronensaft und den Eiswürfeln in den elektrischen Mixer.

2 Schließe nun den Deckel, und schalte das Gerät für etwa 1 Minute an. Fülle die Mischung in die Ballongläser, und gieße ⅛ Liter Sodawasser dazu. Die Menge kannst du mit dem Meßbecher abmessen.

Froschköniglimo

Du brauchst für 2 Gläser:

2 Kiwis
½ TL gemahlenen Zimt
¼ l Mineralwasser

Außerdem stellst du dir folgendes bereit:
Schälmesser
kleines Küchenmesser
Schneidebrett
kleine Rührschüssel
Pürierstab
Eßlöffel
2 hohe Gläser
2 lange Teelöffel

Zubereitungszeit: ca. 5 Minuten

Und so wird's gemacht:

1 Schäle die Kiwis mit dem Schälmesser, und schneide sie mit dem Küchenmesser in kleine Stücke.

2 Gib die Kiwistücke mit dem Zimt in die Schüssel, und püriere sie mit dem Pürierstab.

3 Verteile das Fruchtpüree mit dem Eßlöffel in die Gläser, und gieße das Mineralwasser dazu. Rühre die Limo noch einmal um.

Teelimonade

Du brauchst für 2 Gläser:

½ l Wasser

3 Teebeutel Malventee

2 EL Zitronensaft

1 EL Sanddornsirup

4 Eiswürfel

Außerdem stellst du dir folgendes bereit:
Teekessel oder kleinen
Kochtopf
Teekanne
Rührlöffel
2 hohe Gläser

Zubereitungszeit: ca. 15 Minuten
Kühlzeit: ca. 30 Minuten

Und so wird's gemacht:

1 Gieße das Wasser in den Teekessel oder den Topf, stelle ihn auf die Herdplatte, schalte die Stufe 3 ein, und bringe das Wasser zum Kochen. Es ist soweit, wenn der Kessel pfeift oder wenn das Wasser im Topf sprudelt.

2 Hänge die Teebeutel in die Teekanne, gieße das kochendheiße Wasser hinein, und lasse den Tee 5 Minuten ziehen.

3 Dann nimmst du die Teebeutel heraus und rührst den Zitronensaft und den Sanddornsirup mit dem Rührlöffel in den Tee. Der Sirup muß sich dabei vollständig auflösen.

4 Lasse den Tee nun ganz abkühlen; das kann ½ Stunde dauern. Wenn er kalt ist, gibst du die Eiswürfel in die Gläser und füllst die Teelimonade hinein.

Mickeys Milchshake

Du brauchst für 2 Gläser:

150 g Erdbeeren
¼ l Milch
4 EL Puderzucker
2 gehäufte EL Erdbeereis

Außerdem stellst du dir folgendes bereit:
Küchenkrepp
elektrischen Mixer
2 hohe Gläser

Zubereitungszeit: ca. 10 Minuten

Und so wird's gemacht:

1 Wasche die Erdbeeren sorgfältig, lasse sie auf Küchenkrepp abtropfen, und lege die zwei schönsten Früchte zum Garnieren beiseite. Von den restlichen Erdbeeren zupfst du die grünen Blattansätze ab.

2 Dann gibst du die Erdbeeren mit der Milch, dem Puderzucker und dem Erdbeereis in den elektrischen Mixer, schließt den Deckel und schaltest das Gerät für etwa 1 Minute an.

3 Fülle den Erdbeershake in die zwei hohen Gläser, und garniere jedes Glas mit einer Erdbeere.

Zwergenpunsch

Du brauchst für 2 Gläser:

½ l Apfelsaft
1 TL Zitronensaft
1 EL Honig
½ Stange Zimt
2 Gewürznelken

Außerdem stellst du dir folgendes bereit:
kleinen Kochtopf
Kochlöffel
Schaumkelle
2 feuerfeste Gläser

Zubereitungszeit: ca. 5 Minuten

Und so wird's gemacht:

1 Gib den Apfelsaft, den Zitronensaft, den Honig, die Zimtstangen und die Nelken in den Kochtopf.

2 Stelle den Topf auf die Herdplatte, und erhitze die Flüssigkeit auf Stufe 3. Dabei rührst du hin und wieder mit dem Kochlöffel um. Paß auf, daß die Mischung nicht zu kochen beginnt.

3 Fische nun mit der Schaumkelle die Zimtstange und die Nelken heraus, und fülle den heißen Punsch in die Gläser.

Backideen
aus dem Schlaraffenland

Immer wenn ich eine große Rührschüssel, einen Knethaken und ein Nudelholz sehe, gerate ich schier außer Rand und Band. Denn Backen gehört nun einmal zu meinen Lieblingsbeschäftigungen in der Küche, und das nicht nur, um vom leckeren Teig zu naschen. Für mein Leben gerne knete und rühre ich, rolle ich aus oder steche ich Plätzchen aus. Und schließlich kann ich es auch kaum erwarten, den knusprigbraunen Kuchen oder die bunt verzierten Plätzchen aus dem Backofen zu holen. Aller Anfang ist schwer, das gilt auch fürs Backen. Deshalb tröste dich: Mein erster Kuchen war so schwarz wie ein Schornsteinfeger, und der zweite bestand nur noch aus Bröseln, als ich ihn schließlich mit Gewalt aus der Backform befreit hatte. Verzage also nicht, es ist noch kein Meister vom Himmel gefallen. Wenn du noch nie gebacken hast, solltest du am besten mit einem ganz leichten Rezept, wie zum Beispiel dem Kekskuchen, anfangen. Laß dir bei deinen ersten Backversuchen ruhig von deinen Eltern oder von älteren Geschwistern helfen. Sie können dir den Herd erklären und auch einige nicht ganz so leichte Handgriffe abnehmen. Paß dabei schön auf, dann wirst du sehen, wie schnell du das alles bald allein kannst.

Damit es dir aber nicht so ergeht wie mir bei meinen ersten Backversuchen, will ich dir, als erfahrener Bäcker, ein paar Tips verraten:

● Lies jedes Rezept ganz genau durch, am besten zweimal, ehe du mit dem Backen beginnst!

● Stelle alle Geräte und Zutaten bereit, die du zum Backen brauchst!

● Halte dich ganz genau an die Reihenfolge, in der die Zutaten zugegeben werden sollen!

● Stelle dir am besten einen Küchenwecker, damit du den Kuchen im Backofen nicht vergißt!

Du wirst sehen: Übung macht den Meister...

Orangenbrötchen

Du brauchst für ca. 25 Brötchen:

¼ l Milch
500 g Weizenvollkornmehl
1 unbehandelte Orange
1 Päckchen Trockenhefe
1 ½ EL Honig
1 TL Salz
1 EL Orangenmarmelade
1 EL Öl für das Blech

Außerdem stellst du dir folgendes bereit:
kleinen Kochtopf
große Rührschüssel
feine Rohkostreibe
elektrisches Hand-
rührgerät mit
Knethaken
kleines Küchenmesser
Kuchenpinsel
Backblech
Geschirrtuch

Zeit zum Gehen: ca. 20 Minuten
Zubereitungszeit: ca. 40 Minuten

Und so wird's gemacht:

1 Gieße die Milch in den kleinen Topf, und stelle ihn auf die Herdplatte. Schalte die Stufe 2 an, und erhitze die Milch, bis sie lauwarm ist. Dann nimmst du den Topf von der Herdplatte.

2 Schütte das Mehl in die Rührschüssel. Wasche die Orange, und reibe auf der Rohkostreibe die Schale ab. Davon brauchst du 2 Eßlöffel.

3 Gib die Hefe, den Honig, das Salz, 2 Eßlöffel Orangenschale, die Orangenmarmelade und die lauwarme Milch hinzu, und verrühre alles mit dem elektrischen Handrührgerät auf Stufe 1 zu einem glatten Teig. Du kannst den Teig auch mit den Händen kneten. Dazu mußt du deine Hände mit etwas Mehl bestäuben.

4 Forme nun aus dem Teig etwa tennisballgroße Kugeln. Das machst du am besten mit feuchten Händen. Dann ritzt du die Kugeln mit dem Küchenmesser über Kreuz ein.

5 Pinsle das Backblech mit dem Öl ein, und lege die Kugeln darauf. Decke das Geschirrtuch darüber, und lasse die Kugeln an einem zugfreien, warmen Ort 20 Minuten stehen. Heize den Backofen in der Zwischenzeit auf 220° C vor.

6 Schiebe danach das Backblech auf die mittlere Schiene des Backofens, und backe die Brötchen etwa 20 Minuten.

Knuddels Tip

Die Brötchen lassen sich sehr gut einfrieren, wenn du sie nicht alle auf einmal verbrauchen kannst.

Kekskuchen

Du brauchst für ca. 12 Stück:

250 g Kokosfett
2 Eier
125 g Puderzucker
1 Päckchen Vanillinzucker
4 EL Kakao
250 g rechteckige Butterkekse
50 g bunte Schokoplätzchen

Außerdem stellst du dir folgendes bereit:
kleinen Kochtopf
Rührschüssel
elektrisches Hand-
rührgerät mit
Schneebesen
Kastenform
(ca. 18 cm lang)
Eßlöffel
Backpapier
Küchenschere

Zubereitungszeit: ca. 40 Minuten
Kühlzeit: ca. 2 Stunden

Und so wird's gemacht:

1 Gib das Kokosfett in den kleinen Topf, stelle diesen auf die Herdplatte, schalte die Stufe 2 an, und warte, bis das Fett geschmolzen ist. Das dauert etwa 10 Minuten.

2 Nimm den Topf von der Herdplatte. Während du weiterarbeitest, kann das Fett so weit abkühlen, daß es nur noch lauwarm ist.

3 Schlage die Eier am Schüsselrand an, und lasse sie in die Rührschüssel gleiten.

4 Rühre die Eier mit dem elektrischen Handrührgerät auf Stufe 2 so lange, bis sie schaumig aussehen.

5 Gib nun den Puderzucker, den Vanillinzucker und den Kakao dazu, und verrühre alles mit dem Handrührgerät auf Stufe 1.

6 Danach rührst du nun das lauwarme Fett eßlöffelweise in die Eiermasse.

7 Schneide dir das Backpapier so zurecht, daß es die Kastenform vollständig auskleidet, und lege die Form dann damit aus.

8 Fülle 2 bis 3 Eßlöffel Schokoladenmasse in die Kastenform. Streiche sie mit dem Eßlöffel glatt.

9 Darauf legst du eine Schicht Butterkekse, und zwar so, daß die Schokolade bedeckt ist. Den letzten Keks mußt du eventuell teilen.

10 Auf die Kekse kommen nun wieder 2 bis 3 Eßlöffel Schokoladenmasse, dann wieder eine Lage Butterkekse. Das machst du so lange, bis die Schokoladenmasse und die Kekse verbraucht sind. Die letzte Schicht sollte Schokolade sein.

11 Belege die Schokolade mit den bunten Schokoplätzchen, und stelle die Form für mindestens 2 Stunden, besser aber über Nacht, in den Kühlschrank, damit die Schokolade fest wird. Dann nimmst du den Kuchen aus der Form, ziehst das Backpapier ab und schneidest ihn in Scheiben.

Vanille-Schokoladen-Torte

Du brauchst für 12 Stück:

Für den Teig:

1 Paket Backmischung für Rührkuchen

200 g weiche Butter oder Margarine

4 Eier

5 EL Wasser

1 TL Butter oder Margarine für die Form

Für die Füllung:

¼ l Milch

1 Päckchen Puddingpulver mit Vanillegeschmack

3 EL Zucker

250 g Sahnequark

150 g Sanddornmark

Für die Glasur:

¼ l Wasser

1 Beutel Schokoladenkuvertüre (100 g)

Außerdem stellst du dir folgendes bereit:
große Rührschüssel
elektrisches Handrührgerät mit Schneebesen
Kuchenpinsel
Springform von 26 cm ∅
Teigschaber
Spicknadel oder Schaschlikspieß
kleine Rührschüssel
Eßlöffel
2 kleine Kochtöpfe
Schneebesen
Brotmesser
Kuchenplatte

Rührlöffel
Messer
Topflappen
Küchenschere

Zubereitungszeit: ca. 1½ Stunden

Und so wird's gemacht:

1 Heize den Backofen auf 180° C vor. Schütte den Inhalt der Backmischung in die Rührschüssel, und füge die weiche Butter oder Margarine und das Wasser hinzu.

2 Schlage die Eier nacheinander am Schüsselrand an, und lasse sie dann in die Schüssel gleiten.

3 Verrühre alle Teigzutaten mit dem elektrischen Handrührgerät auf Stufe 3 in etwa 4 Minuten zu einem glatten Teig.

4 Pinsle die Springform mit der Butter oder der Margarine ein. Dann füllst du den Teig hinein und streichst ihn mit dem Teigschaber glatt.

5 Schiebe die Springform auf die mittlere Schiene des vorgeheizten Backofens, und backe den Kuchen 30 bis 40 Minuten. Prüfe dann, ob der Kuchen schon gar ist: Stich mit einem Schaschlikspieß oder einer Spicknadel in die Mitte des Kuchens. Wenn an dem Hölzchen kein Teig hängenbleibt, ist der Kuchen fertig. Lasse ihn abkühlen.

6 In der Zwischenzeit bereitest du die Füllung vor. Dazu nimmst du von der Milch 5 Eßlöffel ab und gibst sie in die kleine Rührschüssel.

Schütte das Puddingpulver und den Zucker hinein, und verrühre alles mit dem Löffel. Es dürfen keine Klümpchen mehr zu sehen sein.

7 Gieße die Milch in den kleinen Kochtopf, stelle diesen auf die Herdplatte, und schalte Stufe 3 an. Warte so lange, bis die Milch anfängt zu kochen.

8 Nimm die Milch dann sofort von der Herdplatte. Rühre das angerührte Puddingpulver mit dem Schneebesen hinein, und lasse alles etwa 1 Minute aufkochen. Es muß leicht blubbern. Dann nimmst du den Topf von der Herdplatte und läßt den Pudding abkühlen.

9 Löse den Tortenboden aus der Springform, und schneide ihn mit dem Brotmesser einmal waagerecht durch. Dabei läßt du dir am besten von jemandem helfen. Dann legst du den unteren Tortenboden auf die Kuchenplatte.

10 Verrühre den Quark mit dem abgekühlten Vanillepudding, und bestreiche den unteren Tortenboden damit. Dafür verwendest du am besten wieder den Teigschaber.

11 Lege den oberen Tortenboden vorsichtig auf die Puddingschicht, und bestreiche ihn mit dem Messer mit dem Sanddornmark.

12 Für die Glasur gießt du das Wasser in den zweiten kleinen Topf, stellst ihn auf die Herdplatte, schaltest auf Stufe 3 und wartest, bis das Wasser kocht. Dann schaltest du die Herdplatte aus, stellst den Beutel mit der Kuvertüre in das heiße Wasser und wartest 10 Minuten. In dieser Zeit wird die Kuvertüre flüssig.

13 Mit einem dicken Topflappen nimmst du nun den Beutel aus dem Wasser, schneidest mit der Schere oben links eine Ecke ab und träufelst die Glasur über den Kuchen.

14 Dann verstreichst du sie mit dem Kuchenpinsel. Lasse die Kuvertüre gut trocknen.

Knuddels Tip

Wenn du die Torte aufschneiden willst, nimmst du am besten ein großes glattes Küchenmesser. Tauche es vor jedem Schnitt in heißes Wasser, dann bricht die Kuvertüre nicht. Du darfst auch nicht zu fest drücken; bewege das Messer nur hin und her.

Tante Klaras Napfkuchen

Du brauchst für ca. 20 Stück:

250 g weiche Butter oder Margarine
200 g Zucker
1 Prise Salz
1 Päckchen Vanillinzucker
4 Eier
500 g Mehl Type 1050
oder Weizenvollkornmehl
1 Päckchen Backpulver
5 EL Milch
150 g ungeschwefelte Rosinen
1 EL Mehl zum Bestäuben
1 TL weiche Butter oder Margarine
für die Form
1 EL Semmelbrösel oder gemahlene
Haselnüsse

Außerdem stellst du dir folgendes bereit:
große Rührschüssel
elektrisches Hand-
rührgerät mit
Schneebesen
feinmaschiges Sieb
flachen Teller
Rührlöffel
Kuchenpinsel
Napfkuchenform von
24 cm ⌀
Teigschaber
Tortenplatte

Zubereitungszeit: ca. 1 ½ Stunden

Und so wird's gemacht:

1 Heize den Backofen auf 175° C vor. Gib die Butter oder die Margarine, den Zucker, das Salz und den Vanillinzucker in die Rührschüssel, und verrühre alles mit dem elektrischen Handrührgerät auf Stufe 2 etwa 3 Minuten.

2 Schlage die Eier nacheinander am Schüsselrand an, und lasse sie in die Rührschüssel gleiten. Verrühre sie danach mit dem elektrischen Handrührgerät.

3 Hänge das Sieb über die Rührschüssel, schütte das Mehl und das Backpulver hinein, und siebe beides über den Teig. Dann rührst du beides mit dem Handrührgerät darunter. Aber Vorsicht, auf niedriger Rührstufe anfangen, sonst fliegt das Mehl in allen Richtungen aus der Schüssel.

4 Gieße nun noch die Milch an den Teig, und verrühre alles nochmals.

5 Schütte die Rosinen in das Sieb, spüle sie unter kaltem Wasser gründlich ab, und lasse sie gut abtropfen.

6 Gib den Eßlöffel Mehl zum Bestäuben auf den flachen Teller, schütte die Rosinen darauf, und wälze sie in dem Mehl. Gib sie dann in den Teig und rühre sie mit dem Rührlöffel darunter.

7 Pinsle die Napfkuchenform mit der weichen Butter oder Margarine ein, und streue den Boden mit den Semmelbröseln oder den gemahlenen Haselnüssen aus.

8 Fülle den Teig in die Form, und streiche ihn mit dem Teigschaber glatt. Dann schiebst du die Form auf die untere Schiene des Backofens und backst den Kuchen etwa 1 Stunde und 10 Minuten. Danach machst du die Garprobe, wie beim Rezept „Vanille-Schokoladen-Torte" (Seite 74) beschrieben.

9 Lasse den Kuchen in der Form etwas abkühlen, und stürze ihn dann auf die Tortenplatte.

Mal was anderes

Statt der Rosinen kannst du auch die gleiche Menge Zitronat und Orangeat in den Teig mischen. Wenn du möchtest, kannst du den fertigen

Kuchen mit einem Sieb mit etwas Puderzucker fein überstäuben. Das Grundrezept für einen Napfkuchen läßt sich ganz leicht für einen Marmorkuchen abwandeln. Statt der Rosinen brauchst du ein kleines Fläschchen Backaroma Vanille und 1 Eßlöffel Kakao oder bitteres Schokoladenpulver. Dann bereitest du deinen Teig zu, wie im Rezept für Napfkuchen beschrieben. Wenn er fertig ist, teilst du ihn in zwei Schüsseln in ein Drittel und in zwei Drittel auf. In die größere Teigmenge gibst du das Vanillearoma und füllst den Teig in die Napfkuchenform. Unter das restliche Teigdrittel gibst du den mit etwas Wasser angerührten Kakao oder das Schokoladenpulver. Dann füllst du den dunklen Teig auf den hellen in der Form. Nun ziehst du eine Gabel ein paarmal durch den Teig, so daß beide Teigfarben leicht vermischt sind. Backe den Kuchen wie beschrieben, und mache auf jeden Fall die Garprobe, ehe du ihn endgültig aus dem Ofen nimmst.

Knuddels Tip

Der Kuchen löst sich ganz leicht aus der Napfkuchenform, wenn du vor dem Stürzen mit dem kleinen Küchenmesser zwischen Backformrand und Kuchen entlangschneidest. Löst er sich trotzdem nicht gleich, dann befeuchte ein Geschirrtuch mit kaltem Wasser, wringe es aus, und lege es auf die umgedrehte Form. Der Kuchen rutscht dann leichter.

Bunte Plätzchen

Du brauchst für 25 bis 30 Plätzchen:

Für den Teig:

250 g Weizenvollkornmehl

75 g Zucker

2 Päckchen Vanillinzucker

3 EL Milch

125 g weiche Butter oder Margarine

1 Ei

1 EL Mehl zum Ausrollen

1 EL Öl für das Blech

Zum Verzieren:

1 Eigelb

1 EL Milch

1 Beutel Schokoladenkuvertüre

100 g Puderzucker

2–3 EL Zitronensaft

Nach Belieben:

gehackte Pistazienkerne

Mandelblättchen

Raspelschokolade

Walnußkernhälften

Außerdem stellst du dir folgendes bereit:
große Rührschüssel
elektrisches Handrührgerät mit Knethaken
Nudelholz
Lineal
Ausstechförmchen
kleine Rührschüsseln
Kuchenpinsel

Zubereitungszeit (ohne Zeit zum Verzieren): ca. 1 Stunde

Und so wird's gemacht:

1 Heize den Backofen auf 200° C vor. Gib das Mehl, den Zucker, den Vanillinzucker, die Milch und die Butter oder die Margarine in die große Rührschüssel.

2 Schlage das Ei am Schüsselrand an, und lasse es in die Schüssel gleiten.

3 Verknete nun alles mit den Händen oder mit dem elektrischen Handrührgerät auf Stufe 2 zu einem glatten Teig.

4 Bestreue die Arbeitsfläche mit Mehl. Forme mit bemehlten Händen aus dem Teig eine große Kugel, lege sie darauf, und rolle sie mit dem Nudelholz etwa 3 Zentimeter dick aus. Dazu mußt du auch das Nudelholz mit etwas Mehl bestäuben.

5 Pinsle das Backblech mit dem Öl ein, und stich aus der Teigplatte mit den Ausstechförmchen Plätzchen aus.

6 Lege die Plätzchen auf das Blech, und schiebe es auf die mittlere Schiene des vorgeheizten Backofens.

7 Backe die Plätzchen etwa 10 Minuten, bis sie schön goldgelb sind, und lasse sie auf dem Backblech abkühlen.

8 Nun kannst du die fertigen Plätzchen auf verschiedene Art und Weise verzieren:

● Du tauchst die fertiggebackenen, ausgekühlten Plätzchen zur Hälfte in aufgelöste Schokoladenkuvertüre und läßt sie danach auf einem Kuchengitter abkühlen. Wie du die Kuvertüre am besten auflöst, kannst du im Rezept „Vanille-Schokoladen-Torte" (Seite 74) nachlesen.

● Du verrührst 100 Gramm Puderzucker mit 2 bis 3 Eßlöffeln Zitronensaft zu einem dicken weißen Guß. Den streichst du mit dem Kuchenpinsel auf die Plätzchen und läßt ihn trocknen. Mit diesem Guß kannst du auch gehackte Pistazienkerne, Mandelblättchen, Raspelschokolade oder Walnußkernhälften auf den Plätzchen festkleben.

Knuddels Tip

Die Plätzchen halten sich lange frisch, wenn du sie in einer Blechdose aufbewahrst, die du gut verschließt.

Wenn du sie verschenken möchtest, fülle sie in eine Klarsichttüte, und dekoriere sie mit einer bunten Schleife.

Rezeptverzeichnis